Regenthal · Corporate Identity – Luxus oder Notwendigkeit?

Gerhard Regenthal

Corporate Identity – Luxus oder Notwendigkeit?

Mit gutem Image zum Erfolg

GABLER

Die Deutsche Bibliothek – CIP-Einheitsaufnahme

Regenthal, Gerhard:
Corporate Identity – Luxus oder Notwendigkeit? :
mit gutem Image zum Erfolg / Gerhard Regenthal. –
Wiesbaden : Gabler, 1997

Alle Rechte vorbehalten

© Betriebswirtschaftlicher Verlag Dr. Th. Gabler GmbH, Wiesbaden 1997
Softcover reprint of the hardcover 1st edition 1997
Lektorat: Ulrike M. Vetter

Der Gabler Verlag ist ein Unternehmen der Bertelsmann Fachinformation GmbH.

Das Werk einschließlich aller seiner Teile ist urheberrechtlich geschützt. Jede Verwertung außerhalb der engen Grenzen des Urheberrechtsgesetzes ist ohne Zustimmung des Verlags unzulässig und strafbar. Das gilt insbesondere für Vervielfältigungen, Übersetzungen, Mikroverfilmungen und die Einspeicherung und Verarbeitung in elektronischen Systemen.

http://www.gabler-online.de

Höchste inhaltliche und technische Qualität unserer Produkte ist unser Ziel. Bei der Produktion und Verbreitung unserer Bücher wollen wir die Umwelt schonen: Dieses Buch ist auf säurefreiem und chlorfrei gebleichtem Papier gedruckt. Die Einschweißfolie besteht aus Polyäthylen und damit aus organischen Grundstoffen, die weder bei der Herstellung noch bei der Verbrennung Schadstoffe freisetzen.

Die Wiedergabe von Gebrauchsnamen, Handelsnamen, Warenbezeichnungen usw. in diesem Werk berechtigt auch ohne besondere Kennzeichnung nicht zu der Annahme, daß solche Namen im Sinne der Warenzeichen- und Markenschutz-Gesetzgebung als frei zu betrachten wären und daher von jedermann benutzt werden dürften.

Umschlaggestaltung: Schrimpf und Partner, Wiesbaden
Satz: FROMM MediaDesign GmbH, Selters/Ts.

ISBN-13:978-3-322-87096-4   e-ISBN-13:978-3-322-87095-7
DOI: 10.1007/978-3-322-87095-7

Inhalt

Vorwort   9

1. **Erfolg durch Ganzheitliche Identitätsprozesse (GIP)**   13
   Aufbruchstimmung: Jetzt gemeinsam Unternehmen
   neu denken und gestalten!   17

2. **Ansatzpunkte für eine ganzheitliche Corporate Identity**   21
   CI-Entwicklung als Quantensprung   21
   Aufbau einer ganzheitlichen Corporate Identity   22
   Notwendigkeit und Nutzen von CI   26

3. **Unterschiedliche Führungs- und Organisationsstrategien für Unternehmen**   29
   Vom Management zum Mitarbeiter   29
   Zeit des Managements   29
   Zeit der Organisationsentwicklung   31
   Zeit des Designs   32
   Zeit der Personalentwicklung   32
   Zeit des Lean-Denkens   34
   Zeit der Qualität   34
   Zeit des ganzheitlichen Denkens – Zeit der Mitarbeiter   36

4. **Corporate Identity als ganzheitliche Denkweise**   39
   Zur Ausgangslage für Corporate-Identity-Entwicklungen   39
   Geschichtliche Entwicklung der Corporate-Identity-Idee   48
   Aufbau einer ganzheitlichen Corporate Identity   51
   Allgemeine Vorgehensweise beim Aufbau
   einer CI-Konzeption   54
   Ganzheitliches Unternehmensverhalten   57
      Zehn Grundsätze des Unternehmensverhaltens   59
      Wodurch werden Unternehmen zu
      „Profi-Unternehmen"?   60
      Im Blickpunkt: Der einzelne Mitarbeiter   61
      CI als Projektablauf   63

5. Aufbau einer Corporate Identity:
Formen – Führen – Wirken _____ 65
   Von der Corporate Identity (CI) zum Ganzheitlichen
   Identitätsprozeß (GIP) _____ 65
      Widerstände und Probleme beim CI-Prozeß _____ 67
      Quantensprung vom Was zum Wie _____ 69
      Fragen zur Glaubwürdigkeit und damit zum
      entscheidenden Erfolg der GIP-Entwicklung _____ 70
      Bausteine bei der Vorgehensweise
      zur GIP-Entwicklung _____ 71
      Die sechs Erfolgs-Phasen des GIP _____ 72
      Schaffen Sie Vertrauen nach innen und außen ___ 73
   Vorgehensweise zum Aufbau eines CI-Konzepts ____ 75
      Schaffen Sie einen Veränderungsprozeß! _____ 75
      Aufbau eines CI-Teams _____ 78
      Die AMC-Regel _____ 80
      Ist-Soll-Analyse _____ 83
      Kraftfeld-Analyse _____ 85
      Widerstände gegen CI _____ 87

6. Entwicklung von Unternehmensgrundsätzen
und Leitbildern _____ 91
   Unternehmenskultur als Grundlage des Unternehmens ___ 92
      Thesen zur Unternehmenskultur _____ 97
   Einflußfaktoren und mögliche Schwerpunkte
   der Unternehmenskultur _____ 99

7. „Take off" für einen Flughafen durch CI _____ 105
   CI-Prozeß zur Schaffung einer notwendigen
   Identitätsbasis _____ 105
      Unternehmensziele des Flughafens _____ 110
      Die Führungsgrundsätze des Flughafens _____ 114
   Umsetzung der entwickelten CI _____ 118

8. Umsetzen und Leben der Unternehmensgrundsätze ___ 121
   Corporate-Behavior-Konzeptionen: Management,
   Mitarbeiterführung, Personalentwicklung,
   Mitarbeiterverhalten _____ 121

Teamentwicklung — 124
Fallen für die Teamarbeit — 125
Corporate-Design-Konzeptionen: Design-Management,
Design-Entwicklung, Erscheinungsbild — 128
    Aufbau einer Imageanalyse — 130
    Durchführung eines Corporate-Design-Konzepts — 132
    Entwicklung von Gestaltungsgrundsätzen — 136
Corporate-Communication-Konzeptionen: Marketing,
Organisationsentwicklung, Öffentlichkeitsarbeit,
Verkauf, Kommunikation — 138
    Was gehört zur Corporate Communication? — 139
    Profit durch Profil — 140
    Der einzelne als Botschafter des Unternehmens — 142
    Von der Kundenorientierung zur
    Kundenzufriedenheit — 143
    Verhalten zum Kunden — 144
    CI-Marketing: Erfolgreiches Verkaufen — 148

9. CI und was dann? Selbst-Controlling, lernende Organisation und permanente Veränderungsprozesse — 151
    „Corporate Identity? Das ist eine ganz schwierige Sache!" — 151
    Widerstände gegenüber Innovationen — 154
    Veränderungen? Veränderungen! — 158

10. Zusammenfassung — 163
    Die Corporate-Identity-Entwicklung hat begonnen, aber wie kann man den Prozeß in Gang halten? — 165

Anhang: Beispiele für Unternehmensgrundsätze — 169
    Sedus — 170
    Pestalozzi-Stiftung — 171
    Viessmann — 174
    Klöckner Industrie-Anlagen — 175
    Hewlett-Packard — 176
    Flughafen Hannover — 180
    Rautenbach-Guss GmbH — 182

Der Autor — 184

Vorwort

„Man kann einen Menschen nichts lehren, sondern ihm nur helfen, es in sich selbst zu entdecken."
Galileo Galilei

Um ein Unternehmen professionell organisieren und entwickeln, motivieren und managen, profilieren und präsentieren zu können, sind eine starke Identität und ein gutes Image notwendig. Dazu bedarf es eines Ganzheitlichen Identitätsprozesses (GIP). Diese bewußte Selbstgestaltung ist nur dann erfolgreich, wenn die Beteiligten motiviert mitarbeiten. Die ganzheitliche Corporate Identity (CI) stellt die Grundlagen und Methoden für den GIP der Unternehmen und hilft, ihre spezifische Unternehmensidentität zu entwickeln. Das Buch bietet:

- eine verständliche Einführung in die Theorie der Corporate Identity
- praxisorientierte Anleitungen als Abbildungen, Übersichten, Checklisten
- spezifische Anleitungen, Beispiele und Projekte
- erprobte Managementmethoden aus der Unternehmensberatung
- professionelles Marketing, Öffentlichkeitsarbeit, Verkauf, Imagebildung
- Ansätze für eine hohe Motivation aller Beteiligten: Geschäftsleitung, Führungskräfte, Teams
- Methoden zur erfolgreichen Selbstgestaltung der Unternehmen
- eine ganzheitliche Unternehmensentwicklung: Personal-, Organisations-, Design-Entwicklung
- eine Entwicklung der Unternehmenskultur und der unternehmerischen Identität
- Hilfen, Unternehmen erfolgreich zu verändern.

Dieses Buch kann aber nichts verändern, verändern können nur Sie etwas. Der Prozeß der Selbstgestaltung und Identitätsbildung geht dabei von drei Axiomen aus:

1. Bei Entwicklungsprozessen ist jeder Mensch für sein eigenes Denken, Empfinden und Handeln verantwortlich (Selbstverantwortung).
2. Erfolgreiche Veränderungen erfordern die aktive Beteiligung aller (Selbstgestaltung).
3. Nur durch die Entfaltung der Potentiale der betroffenen Menschen und die Identitätsbildung werden langfristige Verbesserungen glaubwürdig mitgetragen (Selbstbewußtsein).

Dieser Selbstgestaltungsprozeß ist in seinem Denken und Handeln ausgerichtet auf das Leitbild Corporate Identity (CI). CI ist dabei aber nicht mehr nur ein einheitliches Erscheinungsbild und ein aufeinander abgestimmtes Design wie in den Anfängen der 70er Jahre, das sich gutsituierte Unternehmen zur „Verschönerung" erlauben konnten. Heute umfaßt CI als ganzheitliche Managementstrategie alle internen und externen Maßnahmen eines Unternehmens. CI versteht sich dabei nicht als Luxus oder Schein, sondern als eine notwendige und stringente Denkweise.

Die ganzheitliche Umsetzung nach innen und außen schafft eine starke Identität und ein profiliertes Image als entscheidende Grundlagen für die Leistungsfähigkeit und den langfristigen Erfolg von Unternehmen und Non-Profit-Organisationen. Nur wenn sich die Beteiligten mit ihrem Denken und Handeln voll mit ihrer Arbeit identifizieren und sich selbst engagiert mit ihren Kompetenzen einbringen, kann ein Unternehmen erfolgreich arbeiten und gute Qualität liefern.

Durch eine bewußte und strategische Selbstgestaltung, eine konzeptionelle Verbindung und sinnvolle Abstimmung aller Maßnahmen des Verhaltens, der Kommunikation und des Erscheinungsbildes nach innen und außen wird eine große Übereinstimmung von Selbstbild, Fremdbild und Arbeitsweisen erreicht: Ziel ist es, eine Identität durch einen ganzheitlichen Selbstgestaltungsprozeß gemeinsam mit den Beteiligten aufzubauen, um damit die Zusammenarbeit effektiver zu gestalten. Gleichzeitig wird dadurch auch eine Verbesserung der Kundenorientierung, der Produktqualität und der Profilierung des Unternehmens erreicht.

Auf folgende Punkte möchte ich den Leser besonders hinweisen:

1. Die Denkweise, Vorgehensweise und praktische Umsetzung sind auf Unternehmen und andere Verbände und Organisationen (soziale, pädagogische, kirchliche, sportliche, medizinische usw.) und auch auf Personen übertragbar und unterstützen einen spezifischen und individuellen Identitätsprozeß. Die Besonderheiten der unterschiedlichen Organisationen werden bei diesem Selbstgestaltungsprozeß genügend berücksichtigt und mit aufgenommen.

2. Schnell-Leser können sich anhand der Abbildungen und Übersichten einen guten Ein- und Überblick verschaffen. Referenten und Multiplikatoren können sie auch als Folien einsetzen, um allgemeine Informationen schnell zu vermitteln. Die Folien hierfür können beim Autor bestellt werden.

3. *Lesen* Sie das Buch nicht nur, sondern nehmen Sie es als Anregung, um aus den unterschiedlichen Ansätzen, Vorgehensweisen und Methoden diejenigen auszuwählen, die Ihnen gefallen und zu Ihrer spezifischen Situation passen und auch Ihrer Kultur entsprechen. Ergänzen Sie die ausgewählten CI-Methoden durch Ihre eigenen Erfahrungen und beginnen Sie den Prozeß. Machen Sie erste Schritte, erste Fehler, aber auch erste Erfolge, und lernen Sie daraus. Nehmen Sie das CI-Buch und machen Sie sich auf den Weg – auf den Weg zu einer lernenden Organisation, zu einem Prozeß, zu ersten Veränderungen. „1 000 Meilen beginnen mit dem ersten Schritt." (Koreanisches Sprichwort)

Braunschweig, im Oktober 1997   GERHARD REGENTHAL

1 Erfolg durch Ganzheitliche Identitätsprozesse (GIP)

„Der wirkliche Unterschied zwischen Erfolg und Mißerfolg läßt sich häufig darauf zurückführen, wie gut das Unternehmen es versteht, die Energie- und Talentreserven seiner Mitarbeiter zu nutzen. Was tut das Unternehmen, damit diese Menschen zu einer gemeinsamen Sache finden?"

Thomas Watson

Für einen ganzheitlichen Unternehmenserfolg gibt es eine Vielzahl von Einzelfaktoren. Sie lassen sich – so zeigt die Beratungserfahrung – zu acht Erfolgsfaktoren zusammenfassen. Wie steht es um Ihre Erfolgsfaktoren? Bewerten Sie die einzelnen Faktoren (vgl. Abbildung 1) mit einer Note von 1 bis 6 (Note 1 = sehr gut – trifft also voll zu, Note 2 = gut, Note 3 = befriedigend, Note 4 = ausreichend, Note 5 = mangelhaft, Note 6 = ungenügend – trifft also nicht zu). Bewerten Sie spontan und ohne Schuldzuweisung und nach der Delphi-Methode (bewerten Sie persönlich, berücksichtigen Sie aber dabei auch die Meinung der anderen Betroffenen, Mitarbeiter, Kollegen, Kunden).

Quantitative Erfolge mit Zahlen als einzigen Nachweis (quantitatives Controlling) genügen nicht, auch qualitative Erfolge, die die Bewußtseins- und Verhaltensveränderung und die Ziel-Erreichung aufzeigen (strategisches Controlling), sind nötig. Erst die ganzheitliche Verbindung einzelner guter Veränderungsansätze zu einem synergetischen Erfolgsprozeß kann den hohen und vielfältigen Anforderungen gerecht werden. Einige Unternehmen versuchen sich immer noch mit eindimensionalen Erfolgsstrategien, aber ganzheitliche Erfolge erfordern ganzheitliche Lösungen. Die Erfolgsstrategien für die Zukunft sind also nicht die Erfolgsstrategien aus der Vergangenheit! Wir brauchen nicht nur neue Erfolgsideen, sondern Erfolgsideen neuer Art, die die alten Erfolgsrezepte in ihren „guten Kernen", mit ihren richtigen Ansätzen und Maßnahmen aufnehmen und mit neuen

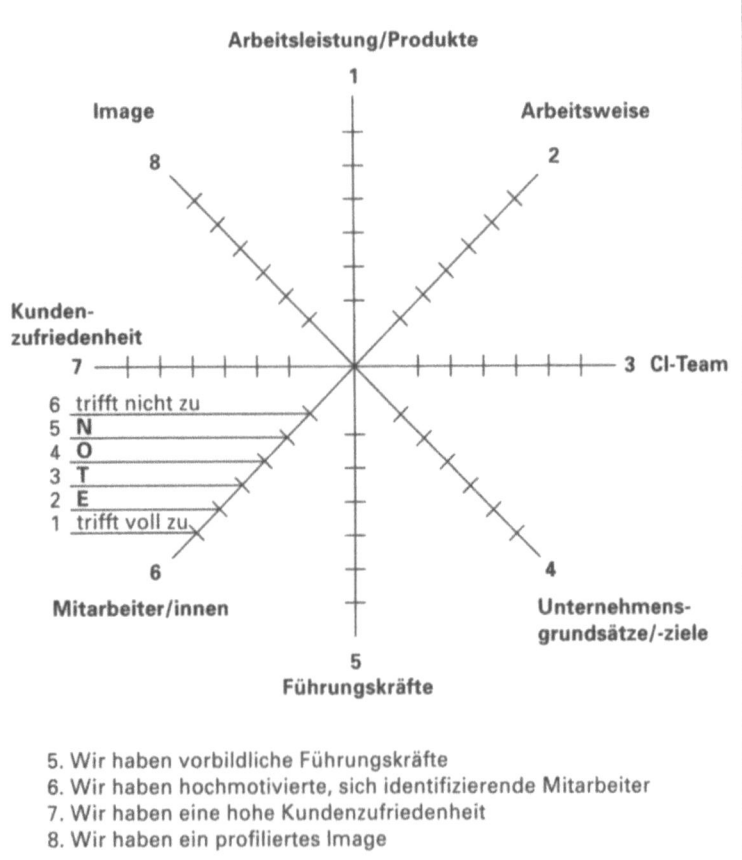

Abbildung 1: Identitäts- und Image-Analyse als Spinnenanalyse (Ist-Zustand)

Ansätzen verbinden und damit zu einer neuen Kategorie zusammenfassen. „Den Zustand der Erfolglosigkeit beendet man nicht dadurch, daß man das Erfolglose intensiver tut!", sagt Paul Watzlawick dazu. Erfolg ist also nicht eindimensional, sondern ganzheitlich. Erfolg ist auch nicht ein einmaliger Zustand und meistens kein Zufall, sondern ein Entwicklungsprozeß: Sich ständig an den Marktsituationen flexibel neu ausrichten, Innovationen aufnehmen, Probleme, Fehler und Krisen als Chancen und Herausforderungen verstehen (No problems, just challenges!), einen permanenten Veränderungs- und Lernprozeß zu schaffen für alle Beteiligten innerhalb und außerhalb des Unternehmens mit entsprechender Atmosphäre und Verbesserungsvorschlägen (VV), ein bewußter Selbstgestaltungsprozeß zur Identitäts- und Imagebildung des Unternehmens, zur Profilierung nach innen und außen. Ein Entwicklungsprozeß ist nur dann erfolgreich, wenn keine Behinderungen und Verkrustungen oder gar Führungskräfte diesen notwendigen Veränderungen entgegenstehen. Gebraucht werden vielmehr alle Beteiligten, damit sie nicht gegeneinander oder nebeneinanderher arbeiten, sondern miteinander die einzelnen Ansätze zusammenfassen und sich selbst mit in diesen Prozeß einbringen. Nur sich identifizierende und motivierte Mitarbeiter schaffen einen Erfolgsprozeß, und den müssen die Führungskräfte aufbauen, entwikkeln und vormachen. Der einzelne Mitarbeiter, die Teams und Abteilungen müssen selbständig und ständig an ihrer Veränderung arbeiten, an ihren Stärken und Schwächen, an ihrem Denken und Verhalten, an ihren Wirkungen, an der Qualität der Arbeitsleistung, an der Zusammenarbeit, an der Kundenzufriedenheit – also an den acht aufgezeigten Erfolgsfaktoren für Unternehmen. Und diese Erfolgsfaktoren zusammen ergeben einen Ganzheitlichen Identitätsprozeß (GIP) für das Unternehmen – zur Stärkung der Identität im Inneren und zur Profilierung des Images nach außen. Grundlage für den Erfolg ist letztlich die Identität des Unternehmens. Eine gute Identität als Grundlage sorgt für gute Arbeit, gute Produkte, gute Ergebnisse, zufriedene Kunden und ein gutes Image. Und um sich auf dem sehr engen, überfüllten Produktmarkt spezifisch heraus- und abheben zu können, unterscheidbar und bekannter und damit erfolgreicher zu werden, sollten Sie Ihre spezifische Identität entwickeln und profiliert darstellen: Kommunizieren Sie diesen geistig, emotionalen Mehrwert, einen „addit value" (Beispiel BMW: „Freude am

Fahren"). Schaffen Sie einen Unternehmenserfolg durch die Gestaltung der Identität mit Ihrem Unternehmen.

Wir brauchen eine neue Philosophie der Arbeit: Wir müssen Arbeit neu entdecken, neu denken und neu gestalten! Nur so können wir Ansätze zu neuen Lösungen unserer Probleme finden. Dabei geht es aber nicht darum, daß Arbeit noch effizienter wird und noch mehr Ergebnisse bringen soll – das ist nämlich kaum noch machbar. Erfolgreiche Arbeit kann nur durch sinnvolle Arbeit erreicht werden, und das heißt, daß der Mitarbeiter mitdenkt und sich möglichst mit seiner Arbeit identifizieren und den Sinn für sich auch erfahren kann.

Mehr-Wert(e)-Arbeit

▶ Der *Wert der Arbeit* ist nicht nur ein Produktionsfaktor, sondern ein entscheidender privater und gesellschaftlicher Gestaltungsfaktor.

▶ Die *Wertarbeit* ist ein Zeichen für Professionalität und Profilierung und wird im Qualitätsmanagement durch einen Denkprozeß zu einer effektiven Qualitätssteigerung.

▶ Der *Mehrwert* ist nicht nur eine monetäre, sondern auch eine geistige Wertschöpfung, die sich besonders dann zeigt, wenn man keine Arbeit hat. Mehr Wert auf mehr Werte legen zeigt den gesellschaftlichen Wertewandel.

▶ Die *Wert(e)arbeit* ist die gemeinsame Arbeit an den Sinninhalten und den grundsätzlichen Werten. Sie ist wert- und sinnvoll für die Identitätsbildung einzelner, für Organisationen, Unternehmen und die Gesellschaft.

▶ *Mehr Wert(e)arbeit* ist die Zielsetzung, die immer mehr Wertarbeit als Verbesserung der Zusammenarbeit und der Angebotsqualität schafft; durch mehr sinnvolle und identitätsbildende Arbeit für alle Beteiligten.

Aufbruchstimmung: Jetzt gemeinsam Unternehmen neu denken und gestalten!

Unternehmen sind auf der Suche nach ihrer spezifischen Identität. Gefragt sind professionelle Wege, um einerseits die wirtschaftliche und gesellschaftliche Stellung zu stärken und andererseits das einzelne Unternehmen in seiner Unternehmenskultur, seiner Profilbildung nach innen und außen und damit in seinem Erfolg zu unterstützen.

Dieser Ganzheitliche Identitätsprozeß (GIP) kann nur erfolgreich sein, wenn die Mitarbeiter selbst mit erprobten und interdisziplinären Vorgehensweisen daran mitarbeiten – motiviert, konsequent und ihren eigenen Nutzen sehend. Die ganzheitliche Corporate Identity (CI) stellt die Grundlagen und Methoden für den GIP der Unternehmen und entwickelt mit allen Beteiligten ihre spezifische Identität und verbessert damit gleichzeitig das Image und die Arbeitsweise des Unternehmens.

Unternehmensentwicklung umfaßt somit nicht nur eine Organisationsentwicklung zur Verbesserung der Unternehmensstruktur oder eine Designentwicklung für das Erscheinungsbild des Unternehmens nach außen, sondern ist insbesondere eine Personalentwicklung. Nur eine ganzheitliche Verbindung der unterschiedlichen Maßnahmen schafft Synergieeffekte, um damit den vielfältigen Erwartungen zu entsprechen. CI ist hierbei eine erprobte und erfolgreiche Management-Methode, die den Unternehmen hilft, ihre eigene spezifische Entwicklung in die Hand zu nehmen: Selbstgestaltung der Unternehmen durch eine ganzheitliche Corporate Identity.

Grundlage für den CI-Prozeß ist die *AMC*-Regel: Ist- und Soll-Analysen, strategisch und konzeptionell ausgerichtete *M*aßnahmen, die durch Projekt-Management und Team-Entwicklung verstärkende Synergie-Effekte schaffen, und ein Selbst-*C*ontrolling. Die Verhaltensweisen aller Beteiligten (Corporate Behavior), die gesamte Kommunikation (Corporate Communication) und das Erscheinungsbild der Unternehmen (Corporate Design) müssen ganzheitlich aufeinander abgestimmt werden, damit sich die Einzelwirkungen nicht behindern und die Schwerpunkte der Unternehmenskultur deutlich gemacht werden. Alle Maßnahmen der Unternehmen nach innen und außen werden auf die Unternehmensgrundsätze ausgerichtet. Dieses Unternehmensprofil als Selbstdarstellung ist wie eine Unternehmensphilosophie – eine Art Verfassung als Basis für die Unternehmensentwicklung.

Um ein Unternehmen erfolgreich organisieren, profilieren und präsentieren zu können, sind eine starke Identität und ein gutes Image notwendig, und dazu bedarf es eines Ganzheitlichen Identitätsprozesses (GIP). Ziele des GIP sind:

▶ eine effektive Zusammenarbeit zwischen Geschäftsleitung, Führungskräften, Abteilungen, Teams, Mitarbeitern, Kooperationspartnern, Kunden

▶ eine gute Qualität der Produkte, der Arbeitsleistung, der Projekte, der Unternehmensorganisation, der Unternehmenskooperation, der Kundenkontakte

▶ eine starke Identität aller Beteiligten: Geschäftsleitung, Führungskräfte, Mitarbeiter, Kooperationspartner, Kunden

▶ ein profiliertes Image der Unternehmen.

Durch eine bewußte und strategische Selbstgestaltung und Selbstdarstellung sowie eine harmonische und konzeptionelle Verbindung aller Maßnahmen des Verhaltens, der Kommunikation und des Erscheinungsbildes nach innen und außen soll eine möglichst große Übereinstimmung von Selbstbild, Fremdbild und Arbeitsweisen erreicht werden. Aufgabe des GIP ist es, diese Einzelidentifikationen im Rahmen eines ganzheitlichen Prozesses gemeinsam mit allen Beteiligten aufzubauen, zu entwickeln und zu einer einheitlichen Identität zusammenzufassen. Dabei ist der GIP in einer lernenden Organisation nie abgeschlossen, sondern eine permanente Veränderung, um flexibel veränderte Bedingungen, Innovationen, Verbesserungen und andere Zielsetzungen aufnehmen und ganzheitlich integrieren zu können.

Ein *Ganzheitlicher Identitätsprozeß (GIP)* umfaßt folgende Aspekte:

Ganzheitlicher
- nach innen und außen; identitäts- und imagebildend
- interdisziplinär und integrativ
- hierarchie- und abteilungsübergreifend

- konsens- und problemorientiert
- polarisiert und einheitlich
- mit Kopf, Herz und Hand; denkend, emotional und handelnd

Identitäts-
- Visionen, Leitbilder, Unternehmensgrundsätze
- Vorgehensweisen, Methoden, Konzepte, Selbstgestaltung
- Beteiligung, Kooperation, Miteinander
- Motivation und Vertrauen
- Selbstbewußtsein und Wir-Gefühl
- Identität nach innen und außen leben

Prozeß
- Bereitschaft zur Veränderung und Beratung
- induktiv und deduktiv
- Betroffene beteiligen; ich und im Team
- Phasen, Entwicklungen, permanente Veränderungen
- Stärken, Fehler, Verbesserungen und Innovationen integrieren
- Selbst-Controlling und lernende Organisation

Bestimmen Sie selbst Ihre Identität und gestalten Sie Ihr Image bewußt. Überlassen Sie es nicht dem Zufall!

2 Ansatzpunkte für eine ganzheitliche Corporate Identity

CI-Entwicklung als Quantensprung

Corporate Identity wurde in Amerika in den 70er Jahren als einheitliches Erscheinungsbild von Unternehmen entwickelt und beinhaltete den designorientierten Ansatz. Corporate Design (CD) als einheitlicher Gebrauch des Wort-Bild-Zeichens, des Logos und der Unternehmensfarbe bei allen Geschäftspapieren und Kommunikationsmöglichkeiten konnte bald auch in den großen Firmen Europas (Olivetti, Erco) Vorteile aufzeigen und wurde ein Muß auch für mittlere Unternehmen und Non-Profit-Organisationen. Die bessere Wiedererkennung und Bekanntheit führte zu einem besseren Image, was im weiteren zu einer Intensivierung des Designs führte. Durch CD-Richtlinien und CD-Manuals wurde der Design-Einsatz verstärkt. Auch die Architektur, die Produktion, die Büros und die Messen wurden in diesen CI-Ansatz mit einbezogen und durch entsprechende Öffentlichkeitsarbeit, PR und Marketing als Corporate Communication ergänzt. CI hatte Erfolg und war konkret und ausschließlich zum Vorzeigen.

Diese Design-Ziele wurden erreicht, während sich die inneren Probleme anhäuften und nach den guten Zeiten besonders stark zum Tragen kamen. Zusammenarbeit und Wir-Gefühl, also die inneren Probleme der Unternehmen, konnten aber nicht durch und mit Corporate Design und PR angesprochen werden. Dieser Nachteil führte zur Fortentwicklung von Corporate Identity in die nächste Phase der 80er Jahre. Gefragt waren hier Unternehmenskulturen, Traditionen, Visionen, Unternehmensphilosophien und Grundsätze. Allgemeine Aussagen über Grundwerte der Organisation, die sich entwickelt haben und/oder ihr wichtig sind, sollten das einheitliche

Erscheinungsbild über das CD hinaus verdeutlichen. Diese Erweiterung der Corporate Identity blieb in den Ansätzen stecken: Ein verbessertes Wir-Gefühl und eine bessere Zusammenarbeit kann man nicht mit philosophischen Formulierungen der Geschäftsleitung von den Mitarbeitern einfordern. Corporate Identity schafft Motivation (vgl. Abbildung 2)! Motiv als Antrieb und Leitgedanke heißt sich selbst motivieren (Selbst-Motivation), andere motivieren (Mitarbeiter-Motivation) und somit das ganze Unternehmen motivieren (Unternehmens-Motivation) durch eine verbindende, konzeptionelle und ganzheitliche CI: CI als Leitmotiv.

	Motiv
als Antrieb und Leitgedanke heißt	
sich selbst motivieren	
	Selbst- **Motiv** ation
und andere motivieren	
	Mitarbeiter- **Motiv** ation
und somit das ganze Unternehmen motivieren	
	Unternehmens- **Motiv** ation
durch eine verbindende, konzeptionelle und ganzheitliche CI:	
	CI als Leit **motiv**

Abbildung 2: Corporate Identity schafft MOTIVATION

Aufbau einer ganzheitlichen Corporate Identity

Nachdem man ein profiliertes Erscheinungsbild und sogar Unternehmensgrundsätze vorweisen konnte, ging die Corporate-Identity-Entwicklung jedoch nicht direkt weiter. Betriebswirtschaftliche Ansätze der schlanken Umorganisation sowie eine ausdrückliche Kundenorientierung sollten den ersten Problem- und Krisenanzeichen begegnen. Erst als diese Problemlösungsversuche zeigten, daß wir dafür auch Mitarbeiter und Mitdenker brauchen, wurden die alten Fehler wieder aktuell. Unternehmenskultur wurde jetzt endlich als Personalentwicklung begriffen. Dieser sozialwissenschaftliche Ansatz seit den 90er Jahren, der helfen soll, Mitarbeiter wieder zu motivieren und einen verbesserten Arbeitseinsatz, eine verbesserte Zusammenarbeit und dadurch eine bessere Arbeitsqualität zu erreichen, ist somit zum entscheidenden Erfolgsfaktor für den gesamten CI-Prozeß geworden. Die Beteiligung der Mitarbeiter am Corporate-Identity-Aufbau ist also keine innovative CI-Variante, sondern die längst fällige integrative Verbindung aller CI-Elemente im Rahmen einer ganzheitlichen Corporate Identity. Design und Öffentlichkeitsarbeit waren notwendig, konkret faßbar und boten schnelle, vorzeigbare Erfolge. CI-Unternehmen zeigten sich nach außen manchmal hui, aber nach innen pfui! Viele Mitarbeiter sind demotiviert, haben innerlich gekündigt, sie können und wollen in diesen Organisationen nicht optimale Leistungen zeigen und erbringen. Diesen schwierigen Prozeß anzugehen und zu steuern, ist Aufgabe einer ganzheitlichen Corporate Identity, die ihre Ziele und Grundsätze auch wirklich ernsthaft umsetzen will. Nur Corporate Identity nach innen *und* außen kann Identität und Image aufbauen, und damit enorme Motivationen, Zufriedenheit, Verbesserungen und Innovationen schaffen.

Es ist logisch, daß das frühere Verständnis von Corporate Identity, nämlich Corporate Design, in schwierigen Zeiten bei weitem nicht ausreicht. Richtig verstandene Corporate-Identity-Ansätze müssen über das Corporate Design und die Corporate Communication hinausgehen und das Corporate Behavior als zentrales Element der Corporate Identity nach innen aufnehmen, um eine ganzheitliche Unternehmenskultur zu entwickeln. Hier eine gute Basis für einen langfristigen Unternehmenserfolg zu schaffen, funktioniert nur zusammen mit den Mitarbeitern. In Krisenzeiten bewährt sich eine gute ganzheitliche Corporate Identity, die man gemeinsam mit den Mitarbeitern aufgebaut hat: Gemeinsam kämpfen wir gegen die aktuellen Probleme an, nicht gegeneinander. Erst so werden die vielgepriesenen Synergieeffekte freigesetzt, die die enormen Erfolge durch CI erbringen.

Von der Corporate Identity zum Ganzheitlichen Identitätsprozeß (GIP): Corporate Identity (CI), als ein ganzheitliches und dynamisches

Führungs- und Organisations-Instrument, ist heute ein Qualitätsprozeß zum effizienten Planen, Steuern und Kontrollieren. Sie ermöglicht eine bessere Abstimmung aller Einzelmaßnahmen und Arbeitsabläufe in der Organisation und erbringt somit eine Steigerung der Qualität der Arbeit und Produktivität (Unternehmensorganisation); ein Identitätsprozeß zur Verbesserung der Zusammenarbeit, des Arbeitsklimas, des Wir-Gefühls, der Personalentwicklung (Mitarbeiterführung und Motivation, Team- und CI-Team-Entwicklung, Mitarbeiter- und Führungskräfteverhalten) sowie der Unternehmenskultur (Visionen, Leitbilder, Unternehmensgrundsätze, Unternehmensziele, Führungsgrundsätze und Mitarbeiterverhaltensrichtlinien), um mit den Mitarbeitern/innen Ziele zu entwickeln, an deren Verwirklichung alle beteiligt sind (Unternehmensführung); und gleichzeitig auch ein Imageprozeß zur Verstärkung des spezifischen Erscheinungsbildes (Architektur und Design) und Verbesserung der Bekanntheit und des Images (PR, Öffentlichkeitsarbeit), um die Öffentlichkeit, die Kooperationspartner und Kunden besser ansprechen und Dienstleistungen anbieten zu können (Unternehmensmarketing).

Erst die ganzheitliche Verbindung der betriebswirtschaftlichen, sozialwissenschaftlichen und designorientierten Aspekte schafft Synergieeffekte und damit die gewünschten Verbesserungen. Die Abstimmung und Interdependenz von Unternehmensorganisation, -führung und -marketing (vgl. Abbildung 3) bewirken den Unternehmenserfolg. Die Beteiligung der Mitarbeiter/innen aber schafft erst den eigentlichen, den langfristigen Unternehmenserfolg, weil sie das verbindende und zentrale Element zwischen allen Organisationsbereichen sind: erst die engagierte Umsetzung der CI-Konzeptionen entscheidet letztlich über den Erfolg! Dieser ganzheitliche Ansatz einer Corporate Identity nach innen und außen ist durch Erfolge und Krisen gewachsen und verbessert. Die eigentliche Idee der synergetischen Abstimmung aller Einzelmaßnahmen (corporate) eines Unternehmens in bezug auf das gesamte Verhalten, Design und die gesamte Kommunikation kann erstmalig umfassend, eindeutig und ernsthaft definiert werden als Ganzheitlicher Identitätsprozeß mit entsprechenden wissenschaftlichen Ansätzen, Denk- und Verhaltensregeln für alle Beteiligte, Erfahrungen und Beispiele, so daß auch entsprechende Theorien, Ausbildungen und Umsetzungen möglich sind. Corporate Identity in der dritten Generation ist zu einer ganzheitlichen Denkweise

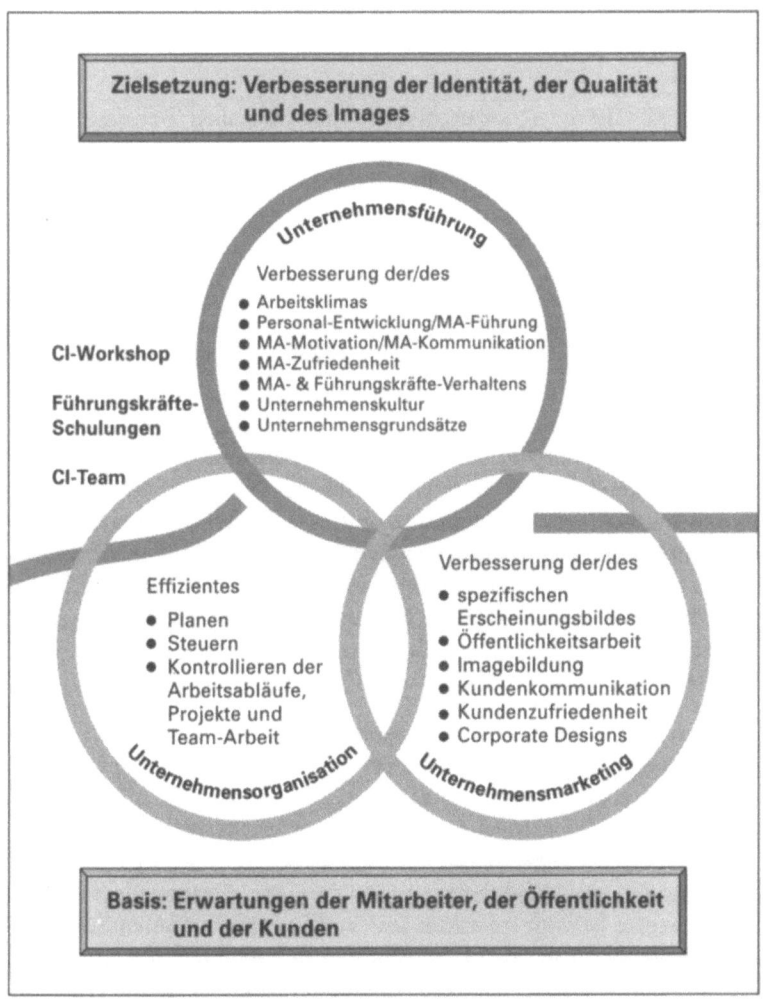

Abbildung 3: Ganzheitliche Corporate Identity als Prozeß-Management

geworden, nicht nur im unternehmerischen Bereich, sondern bis in den privaten Bereich hinein. Es geht dabei nicht um irgendwelche Rezepte und In-Maßnahmen, sondern um unsere grundsätzlichen Werte und Normen, wie wir sie eigentlich schon immer leben und arbeiten wollten. Daran müssen wir täglich arbeiten.

Notwendigkeit und Nutzen von CI

Um einen CI-Prozeß anzuschieben, muß bei allen Beteiligten eine entsprechende Akzeptanz für diese Veränderung vorhanden sein. Im Rahmen dieser Akzeptanzbildung ist es von entscheidender Bedeutung, die Notwendigkeiten zur Veränderung und den konkreten Nutzen von CI (vgl. Abbildung 4) deutlich für die Beteiligten herauszustellen, um eine gute Motivationsbasis zu schaffen.

Notwendige Anlässe sind Wettbewerbsdruck und Marktveränderungen, Profillosigkeit und ein schlechtes Image, fehlende Koordination und fehlende Strategien, veränderte Erwartungen der Kunden und der Mitarbeiter (zum Beispiel Demotivation, innere Kündigung ...). Die Notwendigkeit der ständigen Weiterentwicklung und Veränderung, der Bewußtseins- und Weiterbildung der Mitarbeiter, die den ökonomischen, gesellschaftlichen und den Wertewandel aufnehmen und mitgestalten sollen, aber auch Einsparungen, Vereinfachungen, Verbesserungen und flexible Anpassung an Innovationen sind deutliche Impulse. Anlaß ist letztlich immer auch eine Veränderung der Ertragslage, der Rechtsform, der Besitzverhältnisse oder in der Geschäftsleitung.

„Wer im Leben kein Ziel hat, der verläuft sich", hat Abraham Lincoln einst gesagt. Wie können Unternehmen überhaupt erfolgreich ihre Arbeit gestalten ohne klare Zielorientierung für die Abstimmung einzelner Bereiche, Abteilungen und Projekte? Der Nutzen von CI ist die gemeinsame Entwicklung von klaren Strukturen und Konzepten als Grundlagen, um Arbeitsweisen, Projekte, Unternehmenskultur und Prozesse bewußt gestalten und verbessern zu können. Dadurch werden Orientierungen, Verbindlichkeiten und Prozesse geschaffen, die die Leistungsfähigkeit, das Qualitätsmanagement, die Bewußtseinsbildung und die Motivation aller Beteiligten (Mitarbeiter und Kunden) erfolgreich steigern. Diese emotionale und persönliche Bindung der Mitarbeiter und Kunden, diese Identität schafft Vertrauen, und das ist damit der eigentliche Erfolgsfaktor.

Nach Umfragen bei Unternehmen und Organisationen, deren Führungskräfte und Mitarbeiter CI-Seminare besuchten und/oder an entsprechenden CI-Beratungen teilgenommen haben, brachte Corpo-

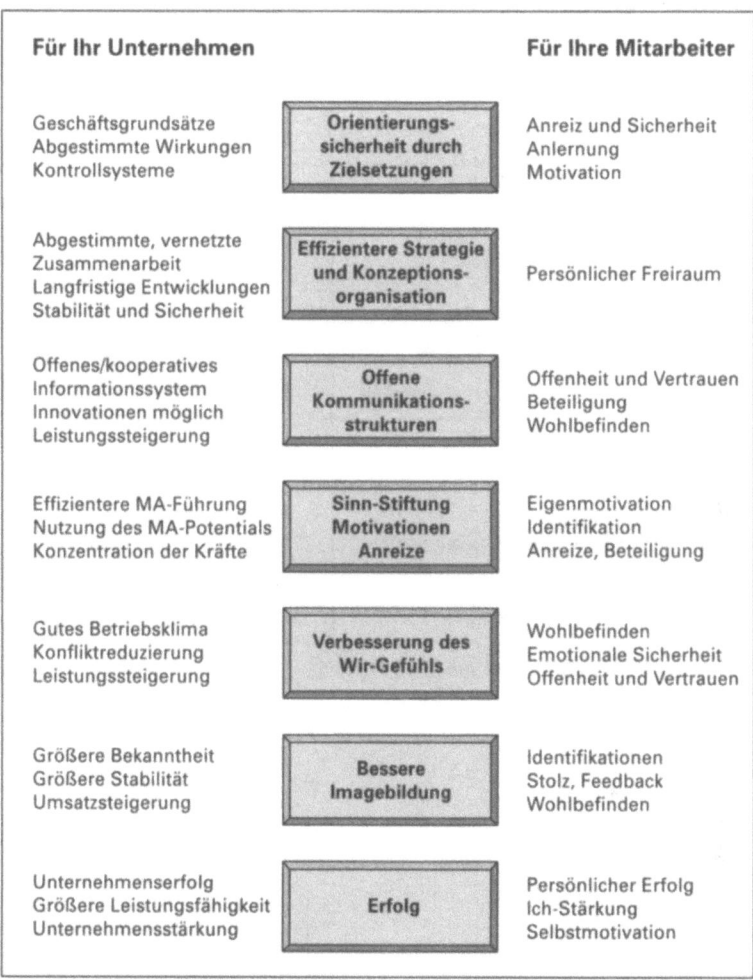

Abbildung 4: Gesamtnutzen durch CI

rate Identity überwiegend gute Erfolge (vgl. Abbildung 5). Obwohl die Ergebnisse der eigenen Langzeituntersuchung seit 1991 die Komplexität der Erfolgsfaktoren nur unzureichend erfassen können, zeigt sich in der Tendenz eine klare Aussage über die Wirkungen von Corporate Identity und verdeutlicht CI als Erfolgsfaktor.

Nr.	Wirkungen von CI	Ja	Teilweise	Nein
1	Verbesserung der Arbeitsweisen/ Arbeitsleistungen der Mitarbeiter	48,1	44,6	7,3
2	Verbesserung des Betriebsklimas	57,8	41,9	0,3
3	Verbesserung der Mitarbeitermotivation	73,2	26,8	0,0
4	Verbesserung der Verhaltensweisen/ des Umgangs miteinander	60,9	36,7	2,4
5	Verbesserung der Zielverwirklichung	69,0	28,8	2,2
6	Verbesserung der Kundenzufriedenheit	61,3	22,8	15,9
7	Verbesserung der Wettbewerbsposition/Marktposition	72,5	18,9	8,6
8	Verbesserung des Erscheinungsbildes/Images	93,8	6,2	0,0

Abbildung 5: Die Wirkungen von CI (in Prozent)

3 Unterschiedliche Führungs- und Organisationsstrategien für Unternehmen

Vom Management zum Mitarbeiter

Management by delegation ist out, aber wie sollen Unternehmen erfolgreich geführt und organisiert werden? Welche Strategie ist die richtige? Wollen wir hierarchische Führungsstrukturen, die Entwicklung der Organisation, mehr Design oder eine Verbesserung des Verhaltens aller Mitarbeiter oder doch letztlich nur Kostenersparnis (vgl. Abbildung 6)? Die einzelnen Ansätze allein aber reichen heute nicht mehr aus: Gefragt ist die integrative, ganzheitliche Verbindung der Einzelansätze und aller Einzelmaßnahmen. Gefordert ist der mitdenkende, motivierte und sich identifizierende Mitarbeiter, der selbst auf Verbesserung, Steigerung und Qualität Wert legt, weil es ihm wichtig ist. Aufbauend auf gute Arbeitsweisen und Innenstrukturen wird Kundenzufriedenheit geschaffen und ein gutes Image aufgebaut.

Zeit des Managements

Nach dem Zweiten Weltkrieg war die Führungsform *management by delegation* die weitverbreitetste und erfolgreichste in der Bundesrepublik Deutschland. In der Zeit nach 1945, in der Wiederaufbauphase, wurde die anfallende Arbeit von den Topmanagern wie bei der Fließbandarbeit in Teilarbeiten, die mit klaren Arbeitsanweisungen an die Arbeitnehmer delegiert wurden, aufgeteilt. Gefordert war die strikte Aufgabenerfüllung, eine strenge Kontrolle und der Mitarbeiter, der sich nur an seine Arbeitsplatzbeschreibung hält. Dieser autoritäre

Historische Entwicklung	seit ca. 1945	Rezession	seit ca. 1970	seit ca. 1975	seit ca. 1980	Rezession	seit ca. 1985	seit ca. 1995
Management-Strategien	MBD (Management by delegation)		OE (Organisations-Entwicklung)	CI (Corporate Identity)	PE (Personal-entwicklung)		LP/LM/QM (Lean Production/Lean Management/Qualitätsmanagement)	GCI/GIP (Ganzheitlicher CI/Identitätsprozeß)
Vergleichsmerkmale								
Wissenschaftlicher Ansatz	■ Betriebswirtschaftlicher Ansatz		■ Psychologischer Ansatz	■ Designorientierter Ansatz	■ Sozialwissenschaftlicher Ansatz		■ Betriebswirtschaftlicher Ansatz	■ Interdisziplinärer/ganzheitlicher Ansatz: Betriebswirtschaft, Sozialwissenschaften, Design, Psychologie
Beratung	■ Arbeitswissenschaftler		■ OE-Berater	■ Werbeagenturen, Designer	■ Personaltrainer		■ Prozeß-Berater	■ CI-Berater/CI-Trainer
Zentrale Aspekte	■ Hierarchische Führungsstruktur ■ Mitarbeiter sollen Aufgaben erfüllen ■ Delegation von Teilarbeiten ■ Kontrolle		■ Beteiligung der betroffenen Mitarbeiter ■ Selbstentwicklungsprozeß ■ Verbesserung des Umgangs miteinander	■ Einheitliche Darstellung und Kommunikation mit Designelementen ■ Unternehmensphilosophie ■ CI-Konzeptionen, Richtlinien	■ Selbstentwicklung ■ Gemeinsam entwickelte Zielvorgaben für jeden Mitarbeiter ■ Gruppenprozesse		■ Beteiligung der Mitarbeiter am Verbesserungsprozeß ■ Qualitätsverbesserung ■ Workshops/Gruppenprozeß ■ Zertifizierung	■ Organisationsgrundsätze, Konzepte, Richtlinien ■ CI-Team, Führungskräfte-/Mitarbeiter-Schulungen ■ Konzeptionelle Verbindung von Verhalten, Design, Kommunikation nach innen und außen
Ziele	■ Hierarchische Arbeits- und Organisationsstruktur ■ Rationalisierung, Kostenreduktion ■ Abgestimmte Arbeitsabläufe		■ Herstellung der Leistungsfähigkeit ■ Konfliktlösungen ■ Verbesserung der Kommunikation	■ Verbesserung des Erscheinungsbildes ■ Zusammenfassung aller Wirkungen ■ Corporate Image	■ Verbesserung des Mitarbeiterverhaltens ■ Entwicklung der Mitarbeiterressourcen ■ Verbesserung durch Mitarbeiter		■ Kostenreduktion ■ Schlanke Organisationsstruktur ■ Ständige Verbesserungen der Arbeitsweisen	■ Selbstgestaltung ■ Permanente Veränderung ■ Lernende Organisation ■ Effektive Zusammenarbeit ■ Qualität der Arbeitsleistung ■ Starke Identität, Profiliertes Image

Abbildung 6: Vergleich der Management-Strategien

Führungsstil zusammen mit hierarchischen Organisationsstrukturen paßte in die damalige Wert- und Normvorstellung unserer Gesellschaft von Oben und Unten und Befehl und Gehorsam. Verstärkt wurde dieses überall verbreitete Denken durch den Erfolg, den es zur Zeit des Wirtschaftswunders erbrachte. Andersdenkende wurden als Außenseiter abgetan. Stagnierende Zuwachsraten und Rezessionen zwangen zum Umdenken. Die harten Rationalisierungsmethoden waren ausgereizt und zeigten keine Erfolge mehr. Nullwachstum war angesagt. Dazu kam der Wertewandel hin zu den nichtmonetären Werten, wie Selbstverwirklichung, soziale und kulturelle Ansprüche und ökologische Werte. Dieser in den 60er Jahren einsetzende Umschwung wurde ergänzt durch die ökologische Wende: Uns wurde die Endlichkeit unserer Ressourcen bewußt, das ökologische Denken begann. Für die Führungs- und Organisationsstruktur (FOS) kam der Anstoß zur innovativen Weiterentwicklung erst später. Für die meisten Unternehmensführungen war die Notwendigkeit der werteorientierten Umstrukturierung nicht gegeben. Nur einzelne neue Ansätze versuchten, sich auf die neue Situation von Wirtschaft und Gesellschaft einzustellen. Team-Arbeit wie bei Volvo ging zu weit, man versuchte es erst einmal mit Job-Rotation. Der betriebswirtschaftliche Ansatz mit wenig Zutrauen zur Kompetenz und Beteiligung der Arbeitnehmer blieb der grundsätzliche und der verbreitetste. Modelle wie bei Rosenthal blieben die Ausnahme.

Zeit der Organisationsentwicklung

Die aufkommende Unzufriedenheit der Mitarbeiter mit ihrem veränderten Arbeits- und Lebensverständnis führte zu Demotivation, innerer Kündigung und Rückzug in die Privatheit (Bahrdt) und somit zu betriebsinternen Konflikten, die die Produktivität natürlich erheblich störten. Psychologen erkannten die Beeinträchtigung der Arbeitsqualität durch diese Konflikte und begannen mit der Organisationsentwicklung (OE), einer Art Therapie der Organisation, um die Leistungsfähigkeit wiederherzustellen. Durch die Beteiligung der Betroffenen, anfangs ohne die Organisationsleitung, obwohl viele Konflikte in der Beziehung zum Management auftraten, und einem moderierendem OE-Berater wurde ein Selbstentwicklungsprozeß in Gang gesetzt, um eine allgemeine Verbesserung der Zusammenarbeit zu erreichen. Dieser langfristige Entwicklungsprozeß zur Nutzung der eigenen Ressourcen und Kompetenzen und zur Verbesserung des Umgangs miteinander hat nur wenig praktische und durchgängige Umsetzung erfahren (mehr kleinere und Non-Profit-Organisationen). Den Erfolgen bei der Beteiligung der Betroffenen stehen andererseits die Defizite in bezug auf Effizienz, Personalentwicklung und Öffentlichkeitsarbeit gegenüber.

Zeit des Designs

Nach dem betriebswirtschaftlichen und dem konflikt- und kommunikationsorientierten Ansatz entwickelte sich in den 70er/80er Jahren ein neuer Ansatz der Unternehmensführung, der designorientiert war: Corporate Identity (CI). Die einheitliche Darstellung und Kommunikation mit festgelegten Designelementen sollte ein Corporate Image schaffen. Dieser Ansatz brachte als neue Denkrichtung die Ausrichtung aller unternehmerischen Einzelwirkungen auf ein einheitliches Erscheinungsbild und die Außenorientierung. Das fehlende Selbstverständnis der Organisation als Ausgangspunkt der Darstellung und Kommunikation wurde später durch die Unternehmenskultur mit entsprechender Unternehmensphilosophie und mit Unternehmensgrundsätzen zu ergänzen versucht. CI-Konzeptionen in dieser Form wurden durch betriebsexterne Agenturen und Designer entwickelt.

Zeit der Personalentwicklung

Auch dieser dritte Ansatz konnte nicht alle Bereiche einer Unternehmensführung abdecken. Bei allen unterschiedlichen Ansätzen hatte man den wichtigen, aber schwierigen Bereich des Verhaltens aller Beteiligten nach innen und außen ausgespart, weil er nur langfristig und mit viel Aufwand und Veränderungsbereitschaft besonders der

Führungskräfte verbunden ist. Da man aber erkannt hatte, daß die eigentlichen Erfolge, egal mit welchem Ansatz und welcher Methode durchgeführt, nur *mit* den Mitarbeitern zu erreichen sind, denn sie erarbeiten die Verbesserungen durch ihr Verhalten, mußte man neue Überlegungen zur Mitarbeiterführung und zur Veränderung der Zusammenarbeit und des Verhaltens ausprobieren. Dabei geht es nicht allein um das Antrainieren von Verhalten, sondern mehr um Beteiligungen bei Konzeptionen, um Verbesserungen durch ein abgestimmtes Verhalten und eine bessere Zusammenarbeit und um Leistungssteigerungen durch eine bessere Motivation und Identifikation der Mitarbeiter. *Management by objectives* (Führen durch Zielvereinbarung) als ein individuelles, zielorientiertes Entwickeln der Kompetenzen der Mitarbeiter ist eine der Möglichkeiten für den verhaltensorientierten Ansatz im Bereich der Personalentwicklung (PE). Gemeinsam entwickelte Zielvorgaben für jeden Mitarbeiter haben auch in großen Unternehmen gute Erfolge erzielt. Das alleinige Anweisen und Einfordern des *management by delegation* reicht heute nicht mehr aus. Nötig sind Zielorientierungen für einzelne Mitarbeiter, für Teams und Projektgruppen. Noch mehr Vertrauen in die Kompetenz der Mitarbeiter, Selbstentscheidung und -verantwortung braucht dabei die Teamentwicklung. Aber diese weichen Führungsmethoden erwirtschaften ungeahnte Verbesserungen und Steigerungsraten von über 50 Prozent und zeigen damit die entscheidende Richtung für die Weiterentwicklung auf: Eine erfolgreiche Führungs- und Organisationsstruktur braucht als Basis den verhaltensorientierten Ansatz der Sozialwissenschaften, muß aber Teile der anderen Ansätze auch mit aufnehmen und umsetzen. Amerikanische Untersuchungen aus den 80er Jahren über erfolgreiche Unternehmen haben die Mitarbeiter als die zentrale Erfolgsgröße erkannt und bestätigt. Ohne diese Basis kommen die anderen Ansätze nicht zur effektiven Wirksamkeit. Gefordert sind also ganzheitliche Ansätze.

Die Fortbildung unterscheidet sich von der PE durch die nicht vorhandene Vernetzung der Einzelmaßnahmen und die fehlende Zielorientierung. Aktionismus, Ineffizienz und Unprofessionalität wird den Fortbildungen vorgeworfen: Kompetenzverbesserung darf nichts kosten und ist überwiegend fachbezogen. Insofern ist eine bedarfs- und zielorientierte Personalentwicklung eigentlich nur zum Teil richtig umgesetzt worden, und wenn, dann halbherzig, isoliert und im nachhinein. Fachkompetenz-Verbesserung und Personalentwicklung im Rahmen der Mitarbeiterführung zeigen deutlich unterschiedliche Denkansätze.

Zeit des Lean-Denkens

Ende der 80er/Anfang der 90er Jahre sind diese Entwicklungen durch die wirtschaftliche Krise und den damit verbundenen Druck zum Überleben unterbrochen worden. Sparen heißt die Devise, Arbeitsplätze abbauen und gleichzeitig Qualitätsverbesserung erreichen. Neue Theorien aus Japan, Lean-Production und Lean-Management versprechen schnelle Erfolge, wobei der Ansatz aus dem Betriebswirtschaftlichen zur ständigen Verbesserung der Arbeitsweisen (als kontinuierlicher Verbesserungsprozeß) von den Arbeitnehmern selbst kommen soll. Dieser Gruppenprozeß ist aber nicht mit der Teamarbeit zu vergleichen, sondern eher mit einem Taylorismus. Enorme Kosten können eingespart werden und als Folge auch viele Arbeitsplätze. Die Produktivitätssteigerung pro Arbeiter beträgt zwischen 50 und 150 Prozent des Umsatzes, doch der Wettbewerbsdruck eskaliert immer weiter. Besonders große Unternehmen versuchen, zumindest in Krisenzeiten mit diesen rigiden Lean-Methoden wieder eine solide betriebswirtschaftliche Organisation aufzubauen. Dieser nur auf die Kostenreduktion ausgerichtete Ansatz zerstört damit aber auch die guten, langfristig gewachsenen Innen- und Außenstrukturen.

Zeit der Qualität

Analog zum Lean-Denken seit den 80er Jahren gewann der betriebswirtschaftliche Ansatz der Qualitätssicherung nach dem Total Quality Management (TQM) und nach der DIN ISO 9000/9001 an Bedeutung. Kunden wollten mehr Qualität – also versuchte man mit Normierungen, Audits und Zertifizierungen die Qualität zu steigern. Die DIN-Normen wurden zuerst in der Produktion eingeführt, dann bei den Zulieferern und auch bei den Dienstleistern. Das aus England und der Schweiz kommende Qualitäts-Management diente bald als Gütesiegel (wie einst *Made in Germany*). So entwickelte sich ein Qualitätsmanagement, das nach innen entsprechende Audits als Qualitätsmerkmale von der Produktion bis zum Handel aufbaut und sich dann von einer unabhängigen Außenstelle überprüfen läßt. Das Ergebnis als Qualitätszertifikat ist das offizielle Zeichen für Qualität, das wiederum von den Zulieferern dann auch verlangt wird. Die externe Überprüfung des aufgestellten Qualitäts-Handbuchs einer Unternehmung bleibt für viele nicht nur zu aufwendig und teuer, sondern als Dokument auch zu überflüssig und formal. Die Norm-Kriterien aus der Produktion sind nur schwer auf andere Bereiche zu übertragen und auch nur zum Teil Anzeiger für Qualität, wenn sie nicht von motivierten Mitarbeitern ernsthaft gelebt und umgesetzt werden. Die Normierung als Minimalanforderung setzt die beschränkte und einengende Arbeitsplatzbeschreibung fort und arbeitet eventuell sogar den Innovationen und der Motivation der Mitarbeiter entgegen. Nur Unternehmen mit einer guten und starken Corporate Identity können mit dem Qualitätsmanagement echte Erfolge erzielen. Somit wird die Identität zum eigentlichen Erfolgsfaktor. Anreize, Motivationen und Entscheidungsfreiräume/Beteiligungen werden zu zentralen Größen. Nur gut motivierte und sich identifizierende Mitarbeiter/-innen erbringen gute Arbeitsqualität, verbessern Arbeitsabläufe und schaffen einen permanenten Wandlungsprozeß. Qualitätsmanagement ist für viele nur ein formaler Rahmen, muß also erst ganzheitlich in die CI der Organisation integriert werden. Ein so gestalteter ständiger CI-orientierter Wandlungsprozeß schafft lernende Organisationen, um alle Marktveränderungen, Unternehmensentwicklungen und Innovationen flexibel aufnehmen zu können.

Zeit des ganzheitlichen Denkens –
Zeit der Mitarbeiter

Alle bisherigen Ansätze hatten vorwiegend nur eine wissenschaftliche Orientierung und einen Schwerpunkt. Was fehlte, war ein ganzheitlicher Ansatz, der die unterschiedlichen Orientierungen integrativ vereinigen und somit die einzelnen Vor- und Nachteile ausgleichen konnte. Seit den 90er Jahren entwickelte sich aus diesem Bedarf heraus eine ganzheitliche CI-Theorie, die Innen- und Außenwirkungen sowie auch einzelne Methoden und Vorgehensweisen der anderen Ansätze aufnehmen konnte, um eine langfristige, strategische und konzeptionelle Führungs- und Unternehmenskonzeption aufbauen zu können. Basierend auf gemeinsam mit den Führungskräften entwickelten Organisationsgrundsätzen, Zielen, Konzepten und Richtlinien, wird ein koordinierendes CI-Team gebildet, das die CI-Entwicklung im Unternehmen übernimmt. Es kann zusammen mit einem CI-Berater die möglichen Widerstände gegen CI aufnehmen und beheben, eigene Vorschläge und Projekte entwickeln und praktisch umsetzen und immer wieder für neue Motivationen für CI sorgen, damit es ein langfristiger Erfolg wird. Durch die CI-Trainings für die Mitarbeiter werden die gemeinsamen Arbeitsgrundsätze auch als eigene Vorteile erkannt und im Rahmen der persönlichen Entscheidungsfreiräume besser gelebt und umgesetzt, was letztlich die Leistungssteigerungen, Verbesserungen und die Synergieeffekte bringt. Erst durch die Verbindung der Nutzen und Vorteile für das Unternehmen/die Organisation, das Produkt/die Arbeitsweise/die Dienstleistung, die Kunden/die Partner und die Mitarbeiter und Mitarbeiterinnen kann ein ganzheitlicher Erfolg geschaffen werden. Die Verbesserungen in bezug auf das Verhalten, die Kommunikation und das Erscheinungsbild schafft Mitarbeitermotivation und Kundenzufriedenheit: Die verbesserte Identität bringt auch eine Verbesserung des Images. Der Erfolg ist ein langfristiger, weil er ganzheitlich alle Bereiche miterfaßt, von innen nach außen (vgl. Abbildung 7). Die Beteiligten werden zu Mitdenkenden, zu echten Mitarbeitern, da sie diese Strategie mittragen: Miterfolge schaffen Mitmenschen (vgl. Abbildung 8).

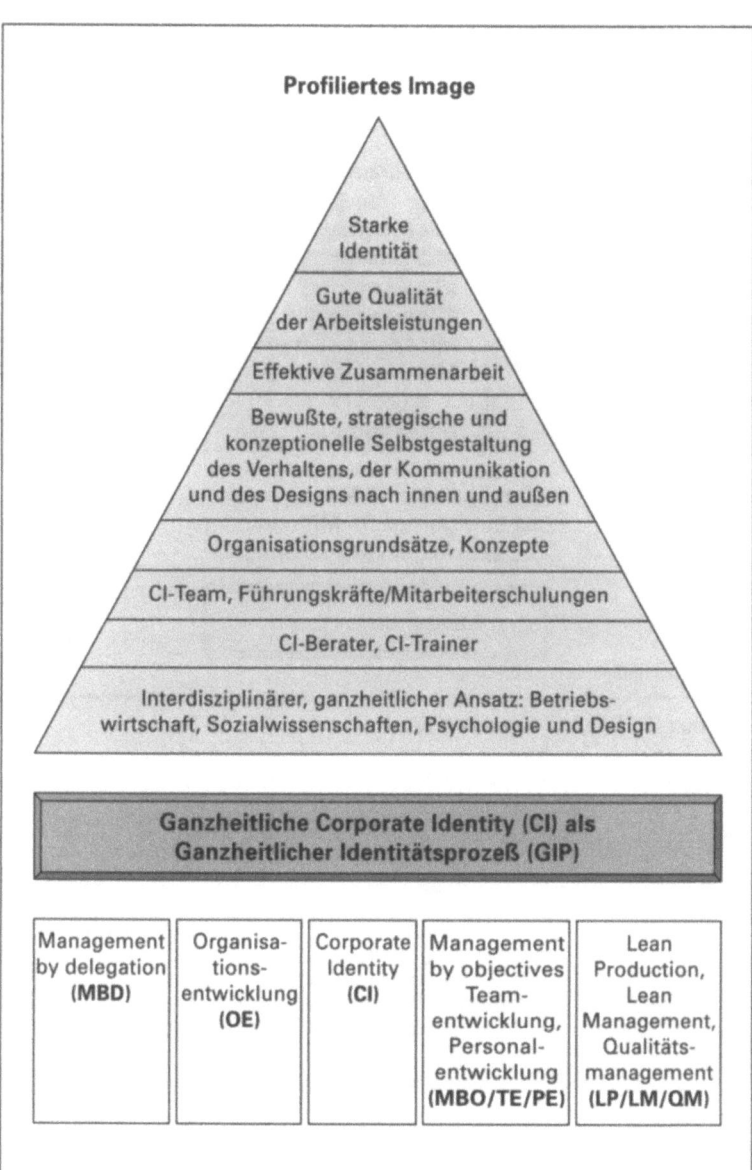

Abbildung 7: Ganzheitliche Integration unterschiedlicher Management-Strategien

Zeit des ganzheitlichen Denkens – Zeit der Mitarbeiter

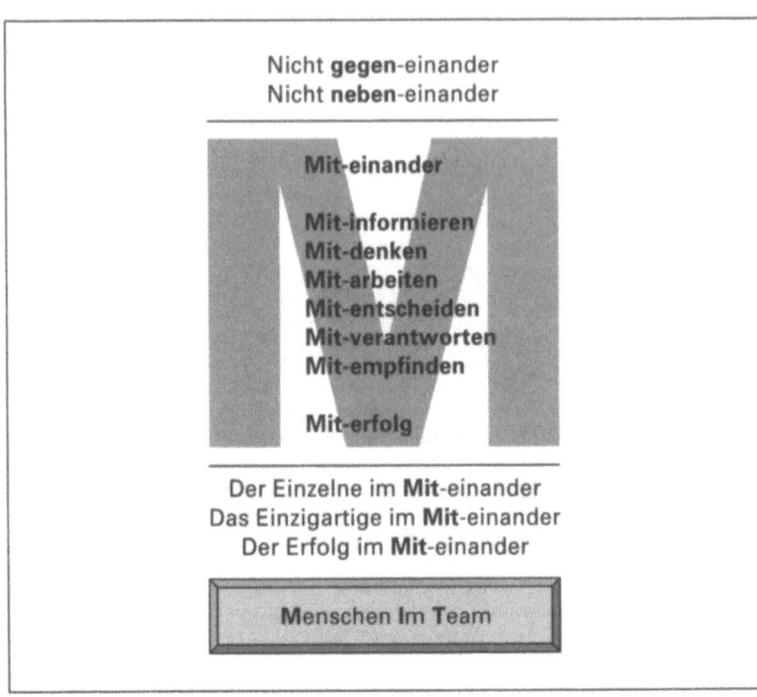

Abbildung 8: Das MIT-einander-Prinzip

4 Corporate Identity als ganzheitliche Denkweise

Eine Theorie ist für den Praktiker nur dann hilfreich, wenn sie Antworten geben kann auf Fragen und Probleme, für die er keine Lösungen hat, aber eine Antwort sucht, wenn also beim Praktiker ein entsprechendes Bedürfnis vorhanden ist. Eine Theorie, die nicht auf ein solches Bedürfnis trifft, bleibt für die Praxis irrelevant und unwirksam. Dazu gehört aber auch, daß eine Theorie ein bestimmtes Maß an Verständnis aufweisen muß, das es dem Praktiker ermöglicht, sich in die entsprechenden Gedankengänge hineinzudenken und die aufgezeigten Zusammenhänge zu erkennen. Dies ist in der Regel leichter möglich, wenn eine Theorie nur einen überschaubaren Bereich der Realität umfaßt. Erhebt sie den Anspruch, einen sehr großen Bereich umfassen zu wollen, wird sie zwangsläufig ein höheres Maß an Abstraktion benötigen, komplizierter werden und daher auch schwerer durchschaubar sein. Sie wird dann sehr bald vom Praktiker als zu abstrakt, zu praxisfern empfunden oder so allgemein oder formal bleiben, daß der Bezug zur konkreten Praxis nicht mehr ohne weiteres hergestellt werden kann. Eine Theorie wird für die Praxis um so hilfreicher empfunden, je mehr geeignete methodische Möglichkeiten aufgezeigt werden, sie in praktisches Handeln umsetzen zu können.

Zur Ausgangslage für Corporate-Identity-Entwicklungen

Überall finden wir Beispiele für die intensive Suche nach der eigenen Identität, der Persönlichkeit, nach Stil, Image oder Kultur. Bei einzelnen Menschen (Auszubildende wie auch Führungskräfte), bei Regionen und Ländern, bei Unternehmen und Organisationen. Wir finden eine ausgeprägte Suche einerseits nach Gemeinsamkeit und Konsens, andererseits nach Individualität und persönlicher Abgrenzung. Corporate Identity (CI) schafft ein ganzheitliches Rahmenkonzept als bewußte Grundlage für die Gesamtheit, ein Wir-Gefühl, und dadurch auch eine persönliche Positionsbestimmung und einen Freiraum. Selbständigkeit und Gemeinsamkeit sind keine Gegensätzlichkeiten, die sich ausschließen, es sind Pole, die in einer Wechselbeziehung zueinander stehen.

„Unsere Bestimmung ist, die Gegensätze richtig zu erkennen, erstens nämlich als Gegensätze, dann aber als Pole einer Einheit."
Hermann Hesse

Besonders Unternehmen und Organisationen suchen eine Führungs- und Organisationsstruktur, die diese Einzelzielsetzungen und Einzelmaßnahmen miteinander verbindet, so daß sie nicht gegeneinander, sondern miteinander in die gleiche Richtung wirken.

Produktion, Handel und Verkehr und Dienstleistungen mit ihren Produkten und Arbeitsweisen sind real vorhanden. Die Identitäten und Images als die Bilder und Eindrücke, die mit diesen Organisationen verbunden sind, sind unsichtbar, aber bei der Bewertung viel entscheidender als die faßbaren Größen.

„Das Wesentliche ist unsichtbar."
Antoine de Saint-Exupéry

Das Verhalten der Menschen wird durch ihre Emotionen bestimmt. Die Menschen entscheiden sich nicht nach dem, wie es ist, sondern nach dem, wie sie meinen, daß es sei. Dieser entscheidende Satz zeigt die Bedeutung der Idee der Corporate Identity auf: Sie ist die Sichtbarmachung des Unsichtbaren!

Auf der Suche nach Verbesserung, nach noch mehr Erfolg sind die bisherigen Managementmethoden als die harten Führungsstrategien nicht mehr ausreichend. In unserem heutigen Entwicklungsstadium von Wirtschaft und Gesellschaft sind die weichen Führungsmethoden viel erfolgreicher. Gesucht wird der einzelne Mitarbeiter als Mensch, der sich hineinversetzt in seine Arbeitswelt, sich engagiert und selbständig mitdenkt. Das bedeutet: Spitzenleistungen durch Identität und Image!

Der Erfolg beim Verkaufen und auch beim Anbieten von Dienstleistungen wird in erster Linie durch die Persönlichkeit entschieden. Das Profil der Unternehmenspersönlichkeit und auch das der Mitarbeiterpersönlichkeiten stehen in einer Wechselbeziehung zueinander: Beide bedingen einander und sollten nicht gegeneinander wirken. In ihrer Gesamtwirkung sind sie noch besser, wenn sie aufeinander abgestimmt sind.

Wenn sich die Produkte und Sachangebote immer mehr gleichen und der Trend zu einem immer anspruchsvolleren Niveau geht, sind qualifizierte und motivierte Mitarbeiter gefragt, denn sie entscheiden über den Erfolg des Unternehmens beziehungsweise der Organisation. Bieten Sie Ihren Mitarbeitern eine entsprechende Basis für ihre Erwartungen, Bedürfnisse und Werte und auch eine entsprechende Führung, damit sie sich mit ihrer Organisation identifizieren können. Die Abstimmung der guten Innen- und Außenwirkung schafft Synergieeffekte. Die harmonische Abstimmung und Interdependenz von Identität und Image nach innen und außen erfordert ein ganzheitliches Konzept für alle Einzelmaßnahmen der Organisation in bezug auf das gesamte Verhalten, das Design und die Kommunikation (vgl. Abbildung 9).

Eine ganzheitliche Corporate-Identity-Konzeption für Unternehmen und Organisationen umfaßt:

▶ die Gesamtheit und Abstimmung aller Denk-, Verhaltens-, Arbeits- und Kommunikationsweisen,
▶ ein homogenes Erscheinungsbild nach innen und außen,
▶ strategische Führungssysteme, Grundsätze und Leitlinien,
▶ eine Stärkung der Mitarbeiter-Identifikation und -Motivation,
▶ eine aktive Gestaltung der Organisationskultur und des Betriebsklimas,
▶ eine Verbesserung der Arbeits- und Produktqualität,
▶ eine Verbesserung der Kundenzufriedenheit, der Bekanntheit, der Profilierung und des Images.

Ausgangspunkt vieler Überlegungen ist die Frage, ob CI auch in Krisenzeiten helfen kann. In Krisenzeiten geht es um die Nutzung aller Ressourcen. Neue Konzepte sind dabei häufig Fluchtpunkte des

Abbildung 9: Erfolge durch Corporate Identity für Unternehmen

Denkens, auch Angst ist ein schlechter Berater. Nicht das Verunsichern und Demotivieren bringt uns aus der Krise heraus, sondern das strategische und konzeptionelle Zusammenfassen bewährter und neuer Maßnahmen. Zukunft braucht Herkunft!

Kann Corporate Identity (CI) in der Krise helfen? CI ist selbst in einer Krise, da dieser Begriff zu designlastig und überstrapaziert ist. Der alte CI-Begriff ist out, helfen kann nur eine ganzheitliche Corporate Identity nach innen *und* außen, die erst den entscheidenden und langfristigen Unternehmenserfolg bringt (vgl. Abbildung 10). Entlassungen, Einsparungen, Qualitätsverbesserungen, Optimierung der Arbeitsabläufe, Kundenzufriedenheit, Fehlerabstellung und Mehrarbeit, all das sind die aktuellen Heilmittel, um aus der Wirtschaftskrise herauszukommen.

Der Corporate-Identity-Gedanke bleibt auf der Strecke, dafür haben die Unternehmen jetzt kein Geld mehr. Alles, was weder direkt notwendig ist noch Geld bringt, wird radikal gestrichen. Weiterbildung, Personalentwicklung, Ausbildung und auch Elemente des Gesamterscheinungsbildes (Architektur, Ausstattung, Corporate Design) und der Corporate Communication (für Mitarbeiter, Kunden und Kooperationspartner) werden in der Krise als überflüssig angesehen und damit abgesetzt.

Dieses radikale Umschwenken auf Kochrezepte zeigt, daß CI als eine Alibifunktion und als patriarchischer Gönnerfaktor verstanden wurde ohne Ernsthaftigkeit und ganzheitliches Verständnis über den eigentlichen Nutzen von echter Corporate Identity.

Für die Unternehmen gilt es, in den nächsten Jahren eine Bekanntheit, einen guten Ruf und eine führende Position im Markt, im Umfeld und in der Gesellschaft aufzubauen und abzusichern.

Dazu ist der Aufbau eines einheitlichen Erscheinungsbildes und eine kontinuierliche Fortentwicklung notwendig. Das Gesamterscheinungsbild und das einzelner Teile soll nach innen und außen eindeutig, klar und unverwechselbar sein. Wesentliche Voraussetzung für das Gelingen dieser Aufgaben ist als Grundlage die gezielte, professionelle Selbstdarstellung. Diese umfaßt die drei Bereiche der CI: Corporate Behavior, Corporate Communication und Corporate Design. Das Unternehmensverhalten (Corporate Behavior) wird geprägt durch die

Abbildung 10: Definition und Arbeitsweise von Corporate Identity

Entwicklung der Organisation und der Unternehmenskultur. Die gelebten Werte und Normen werden bewußt gemacht und mit den Leitbildern zusammen als Grundlagen für das gesamte Verhalten der Organisation nach innen und außen formuliert. Regeln und Grundsätze für die Zusammenarbeit, den Führungsstil und die Arbeitsabläufe sowie das Verhalten nach außen (in bezug auf Kooperationspartner und Kunden) sind wie eine Art Verfassung (Codex) für die Organisation (So wenig Richtlinien wie nötig, soviel Freiräume wie möglich!). Grundlage ist ein Organisationskonzept: die Unternehmensphilosophie/die Unternehmensgrundsätze.

Die Unternehmenskommunikation (Corporate Communication) ist die strategisch orientierte Kommunikation nach innen und außen mit dem Ziel, die Einstellungen der Öffentlichkeit und der Mitarbeiter gegenüber der Organisation/des Unternehmens zu beeinflussen und zu verändern. Mittel dazu sind Public Relations (PR), Marketing, Werbung, Mitarbeiterinformation und Öffentlichkeitsarbeit. (Werbung als Kommunikation auf die Organisation bezogen ist keine Produkt-, sondern Imagewerbung!)

Die Unternehmensgestalt (Corporate Design) ist das durch organisationsspezifische Leitlinien und Richtlinien (Manual) geformte visuelle Erscheinungsbild nach innen und außen – von der Architektur und allen Präsentationsweisen (Drucksachen, Ausstellungen, Messen, Produktfamilien usw.). Das Corporate-Design-Management hat als Ausgang ein Wort-Bild-Zeichen und legt dann Richtlinien für alle Publikationen und Erscheinungsweisen fest. Grundlage ist ein Design-Konzept. Die Corporate-Design-Module und Maßnahmen insgesamt vermitteln den Eindruck eines spezifischen Stils und eines einheitlichen Erscheinungsbildes.

Das Corporate Image als ganzheitliches Unternehmensbild ist das Ergebnis der CI-Wirkungen auf die Mitarbeiter, die Zielgruppen und die Öffentlichkeit. Durch die Identität ist eine Vorstellung/ein Bild von der Organisation entstanden. Dieses Image umfaßt vier Aspekte:

▶ Prestige der Organisation
▶ Vergleichbarkeit mit Konkurrenten
▶ Vorstellbarkeit
▶ Bekanntheit

Die einzelnen Corporate-Identity-Elemente tragen die Identitätsbildung nach innen, verbinden die einzelnen Unternehmensbereiche und alle Maßnahmen miteinander und sind die Kommunikation nach außen (vgl. Abbildung 11). Sie fördern und unterstützen alle Einzelbereiche in ihren Wirkungen und verstärken die Gesamtwirkung. Im

Rahmen eines Ganzheitlichen Identitätsprozesses müssen die drei Bereiche der CI so aufeinander abgestimmt sein, daß sie sich in ihren Wirkungen nicht gegenseitig behindern. Die drei Bereiche der CI stützen als Säulen das Dach der Corporate Identity.

Abbildung 11: Bereiche einer ganzheitlichen Corporate Identity

Bei dem Aufbau einer Corporate Identity sind alle Unternehmensbereiche beteiligt und werden durch einen Corporate-Identity-Beauftragten oder -Berater zentral koordiniert. Der Aufbau einer Projektgruppe oder besser eines CI-Teams entwickelt den CI-Prozeß, moderiert, steuert und kontrolliert ihn. „Corporate Identity gemeinsam entwickeln ist Corporate Identity!" Wenn die Profilierung von allen Beteiligten getragen werden soll, muß damit begonnen werden, daß das Produkt genau operationalisiert wird, damit es sich von anderen unterscheidet und die Qualität permanent verbessert werden kann. Das daraus zu entwickelnde Programm erfordert die ganzheitliche Unterstützung aller Bereiche und aller Mitarbeiter und wird so zu einem gemeinsamen Prozeß. Wenn dieser wichtige Zwischenschritt fehlt, ist die Promotion nach außen nur kurzfristig gut und wirkt leicht aufgesetzt.

Unternehmen haben schon immer eine mehr oder weniger intensive Öffentlichkeitsarbeit betrieben; aber Corporate Identity ist eben mehr als nur Öffentlichkeitsarbeit:

Es geht um die Verbesserung der Innen- und Außenstrukturen sowie um die Verbindung aller Einzelmaßnahmen der Öffentlichkeitsarbeit zu einer einheitlichen Identität des Unternehmens, entsprechend der spezifischen Unternehmensphilosophie. Nur so kann ein gutes Image (Unternehmensbild) aufgebaut werden, mit dem ein Unternehmen auf den überfüllten Angebotsmärkten (Konkurrenz) und bei vergleichbarer technischer Qualität und zum Teil ähnlichem Design noch bestehen kann. Das gute Mercedes-Image ist ein Beispiel dafür und zeigt auch, daß damit sogar Schwächen und Übergangsschwierigkeiten eines Produkts überbrückt werden können:

Ein Unternehmen verkauft nicht nur ein Produkt, sondern auch seinen Namen und sein Image, mit dem die Käufer sich identifizieren, herausheben und persönlich auszeichnen können! Ein fehlendes oder schlechtes Image oder eine nur kurzfristige Bekanntheit hemmen den Erfolg eines Unternehmens. Die Corporate-Identity-Konzeption wird damit zur Überlebensfrage des Unternehmens, zur langfristigen Sicherung des Unternehmens.

Geschichtliche Entwicklung der Corporate-Identity-Idee

Offiziere der Kaiserlichen Marine unter Admiral Tirpitz propagierten um die Jahrhundertwende den Flottengedanken so erfolgreich, daß Millionen deutscher Eltern ihre Kinder, Jungen wie Mädchen, sonn- und feiertags in Matrosenkleidung steckten und sich dadurch mit den „Blauen Jungs" identifizierten. Dieses Beispiel einer geradezu perfekten Öffentlichkeitsarbeit, das eine Identifizierung, ein Wir-Bewußtsein aufgebaut hat (damals ohne Hörfunk und Fernsehen), zeigt die Möglichkeit einer stringenten und konzeptionellen Kommunikation per Identifikation.

In den USA entwickeln sich seit den 60er Jahren im Bereich der Werbung Trends hin zur Werbekonzeption und zur Unternehmenskultur:

▶ nicht mehr nur isolierte Produktwerbung (Werbung für das einzelne Verkaufsprodukt), sondern Vorstellung des gesamten Unternehmens (Imagewerbung);

▶ Verbreitung von Informationen über das gesamte Unternehmen und Herstellung von Kontakten zur Öffentlichkeit, um eine positive Einstellung gegenüber dem Unternehmen zu erreichen. Alle Maßnahmen eines Unternehmens, die zur Pflege der Beziehung zur Öffentlichkeit dienen, bezeichnet man als Public Relations (PR);

▶ Aufbau einer Unternehmenskultur, um noch erfolgreicher zu sein. Jedes Unternehmen braucht hier seine eigene Imagewerbung und seine PR, eine spezifische Identität. Jeder Betrieb wird dabei als Körperschaft gesehen, die Seele, Geist und Verhalten hat, und sich zusammensetzt aus der Produktentwicklung, der Gestalt (Gebäude, Maschinen ...) und der Kommunikation nach innen (Mitarbeiterkommunikation, Betriebsklima, Wir-Gefühl) und außen (Öffentlichkeitsarbeit, PR).

Während in den USA der Aufbau einer Corporate Identity weniger durch Produktkultur, Gestaltung und Kommunikation geprägt war, entwickelte sich in Europa in den 70er Jahren in den großen Unternehmen die Idee einer entsprechend weitgehenden Konzeption. Die Idee der Corporate Identity sollte umfassend in allen Bereichen des Unternehmens, und das verstärkt und ohne Ausnahme, aufgebaut und angewendet werden. Vorschriftenbücher und Richtlinien für die Corporate Identity (Manuals) bezogen sich in ihrer historischen Entwicklung

- zuerst auf das Management (in bezug auf die Organisation, die Firmen-Schilder, die Signets und die reinen Gestaltungsrichtlinien),
- später auf die PR-Leute (nicht nur entsprechende Werbung, sondern insgesamt für die Öffentlichkeitsarbeit) und
- erst heute auf die Personalchefs (Mitarbeiterführung, Personalentwicklung, Betriebsklima, Wir-Gefühl der Mitarbeiter).

Corporate Identity in Amerika in den 70er Jahren als einheitliches Erscheinungsbild von Unternehmen entwickelt, beinhaltete den designorientierten Ansatz. Corporate Design (CD) mit einheitlichem Gebrauch des Wort-Bild-Zeichens, des Logos konnte bald auch in den großen Firmen Europas (Olivetti, Erco) Vorteile aufzeigen und wurde ein Muß auch für mittlere Unternehmen und Non-Profit-Organisationen. Die bessere Wiedererkennung und Bekanntheit führte zu einem besseren Image, was im weiteren zu einer Intensivierung des Designs führte. Durch CD-Richtlinien und CD-Manuals wurde der Design-Einsatz verstärkt. Auch die Architektur, die Produktion, die Büros und die Messen wurden in diesen CI-Ansatz miteinbezogen und durch entsprechende Öffentlichkeitsarbeit, PR und Marketing als Corporate Communication ergänzt. CI hatte Erfolg und war konkret und ausschließlich zum Vorzeigen (vgl. Abbildung 12).

Diese Design-Ziele wurden erreicht, während sich die inneren Probleme aber anhäuften und nach den guten Zeiten besonders stark zum Tragen kamen. Zusammenarbeit und Wir-Gefühl – also die inneren Probleme der Unternehmen – konnten aber nicht durch und mit Corporate Design und PR angesprochen werden. Dieser Nachteil führte zur Fortentwicklung von Corporate Identity in die nächste Phase der 80er Jahre. Gefragt waren hier Unternehmenskulturen, Traditionen, Visionen, Unternehmensphilosophien und -grundsätze. Allgemeine Aussagen über Grundwerte der Organisation, die sich entwickelt haben und/oder ihr wichtig sind, sollten das einheitliche

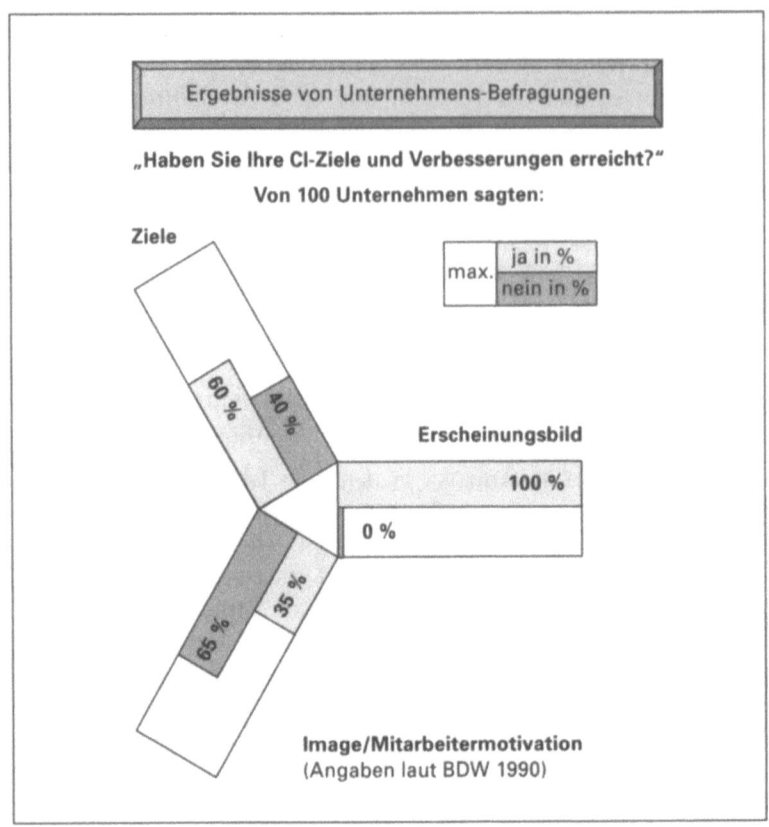

Abbildung 12: Umsetzung von CI-Konzepten

Erscheinungsbild über das CD hinaus verdeutlichen. Diese Erweiterung der Corporate Identity blieb in den Ansätzen stecken: Ein verbessertes Wir-Gefühl und eine bessere Zusammenarbeit kann man nicht mit philosophischen Formulierungen der Geschäftsleitung von den Mitarbeitern einfordern. Corporate Identity schafft Motivation! Motiv als Antrieb und Leitgedanke heißt sich selbst motivieren (Selbstmotivation) und andere motivieren (Mitarbeitermotivation), und somit das ganze Unternehmen motivieren (Unternehmensmotivation) durch eine verbindende, konzeptionelle und ganzheitliche CI: CI als Leitmotiv.

Aufbau einer ganzheitlichen Corporate Identity

Nachdem man ein profiliertes Erscheinungsbild und sogar Unternehmensgrundsätze vorweisen konnte, ging die Corporate-Identity-Entwicklung jedoch nicht direkt weiter. Betriebswirtschaftliche Ansätze der schlanken Umorganisation sowie eine ausdrückliche Kundenorientierung sollten den ersten Problem- und Krisenanzeichen begegnen. Erst als auch diese Problemlösungsversuche zeigten, daß wir dafür auch Mitarbeiter und Mitdenker brauchen, wurden die alten Fehler wieder aktuell. Unternehmenskultur wurde jetzt endlich begriffen als Personalentwicklung.

Dieser sozialwissenschaftliche Ansatz seit den 90er Jahren, um Mitarbeiter wieder zu motivieren und einen verbesserten Arbeitseinsatz, eine verbesserte Zusammenarbeit und dadurch eine bessere Arbeitsqualität zu erreichen, ist somit zum entscheidenden Erfolgsfaktor für den gesamten CI-Prozeß geworden. Die Beteiligung der Mitarbeiter am Corporate-Identity-Aufbau ist also keine innovative CI-Variante, sondern die längst fällige integrative Verbindung aller CI-Elemente im Rahmen einer ganzheitlichen Corporate Identity. Design und Öffentlichkeitsarbeit waren notwendig, konkret faßbar und hatten schnelle, vorzeigbare Erfolge. CI-Unternehmen stellten sich nach außen manchmal mit einem attraktiven Erscheinungsbild dar, das aber den schlechten inneren Strukturen nicht entsprach (mehr Schein als Sein). Viele Mitarbeiter sind demotiviert, haben innerlich gekündigt und können und wollen in diesen Organisationen keine optimalen Leistungen zeigen und erbringen. Diesen schwierigen Prozeß anzugehen, ist Aufgabe einer ganzheitlichen Corporate Identity, die ihre Ziele und Grundsätze auch wirklich ernsthaft umsetzen will. Nur Corporate Identity nach innen und außen kann Identität und Image aufbauen, und damit enorme Motivationen, Zufriedenheit, Verbesserungen und Innovationen schaffen.

Richtig verstandenes CI schafft auch gerade in Krisen Erfolge. Corporate Identity beweist sich aber auch gerade in Krisenzeiten im Umgang mit konkreten Problemen. Die eigentlichen Erfolge durch CI zeigen sich nicht im Erscheinungsbild und durch das Design. Es ist logisch, daß das frühere Verständnis von Corporate Identity, nämlich Corporate Design, allein in schwierigen Zeiten bei weitem nicht ausreicht. Allein imagebildende und -führende Maßnahmen können als Krisen-Management nicht helfen, weil sie unausgewogen sind und auf die Fehler und Probleme nicht eingehen. Richtig verstandene Corporate-Identity-Ansätze müssen über das Corporate Design und die Corporate Communication hinausgehen und das Corporate Behavior als zentrales Element der Corporate Identity nach innen aufnehmen, um eine ganzheitliche Unternehmenskultur zu entwickeln. Hier eine gute Basis für einen langfristigen Unternehmenserfolg zu schaffen funktioniert nur zusammen mit den Mitarbeitern. In Krisenzeiten bewährt sich eine gute ganzheitliche Corporate Identity, die man gemeinsam mit den Mitarbeitern aufgebaut hat: Gemeinsam kämpfen wir gegen die aktuellen Probleme an, nicht gegeneinander. Erst so werden die vielgepriesenen Synergieeffekte freigesetzt, die die enormen Erfolge durch CI erbringen.

Seit den 80er Jahren wurden diese unterschiedlichen Ansätze für die Corporate Identity auch in der Bundesrepublik weiterentwickelt und in großen und mittelständischen Unternehmen umgesetzt. Im Rahmen einer einheitlichen Wirkung des Unternehmens nach innen und außen und in der Einsicht, daß alle Teilbereiche des Unternehmens aufeinander aufbauen und deshalb in die gleiche Richtung arbeiten müssen, wurden Konzepte entworfen, die möglichst weitgehend angelegt waren. Um die Glaubwürdigkeit eines Unternehmens ist es zum Beispiel schlecht bestellt, wenn sich die in Imagekampagnen herausgestellten Attribute des Unternehmens, zum Beispiel flexibel, fortschrittlich und verantwortungsbewußt, nicht auch im Verhalten der Mitarbeiter widerspiegeln. Ähnlich wie beim menschlichen Miteinander faßt man ja auch dann erst zu einem Menschen Vertrauen, wenn man in seinem Verhalten, seinen Äußerungen und seinem Selbstverständnis eine Harmonie erkennt. Denken, Handeln und Aussehen müssen übereinstimmen, widerspruchsfrei und glaubwürdig sein und richtig angelegt und umgesetzt werden zu einer Corporate Identity.

Heute, da es um den wirtschaftlichen Erfolg geht, sind die Darstellung des Unternehmens nach innen und außen, das Wir-Gefühl der Mitarbeiter, die langfristige Festigung des Unternehmens am Markt und der ganze PR-Bereich durch die Corporate-Identity-Konzeption miteinander verbunden und aufeinander abgestimmt. Diese Definition zeigt, daß alle Maßnahmen eines Unternehmens durch diese Konzeption auf ein Ziel (Erfolg am Markt) ausgerichtet werden. Dieser Erfolg kommt durch Image (langfristiger Aufbau) und Leistung (kurz- und langfristige) und läßt sich auf die Identität/Bekanntheit des Unternehmens und das Können/Wollen der Mitarbeiter zurückführen. Eine Corporate-Identity-Konzeption verbindet also Werbe-, Kommunikations- und Führungstechniken miteinander.

Sie läßt sich beim Aufbau nach Entwicklungsstufen differenzieren, die die Wirkung immer mehr verstärken:

▶ Grundlagen,
▶ Konkretisierung,
▶ Aufbaustufen,
▶ Ergänzungen.

Für die Unternehmen wird deutlich, daß einzelne und isolierte Öffentlichkeitsmaßnahmen heute kaum noch eine Wirkung zeigen können. Die Unternehmen müssen sich insgesamt darstellen und brauchen dazu eine entsprechende Konzeption zur Abstimmung aller Einzelmaßnahmen und zur Verstärkung der Einzelwirkungen. Jedes Unternehmen braucht eine Corporate-Identity-Konzeption, die seine spezifische Identität aufnimmt, verstärkt und aufbaut.

Was Corporate Identity bewirken kann, zeigt sich durch ihren Gegensatz und Vergleich. Die Kunden, Zielgruppen und Mitarbeiter werden emotional angesprochen und so in ihrem Denken, Arbeiten/Verhalten und in ihrer Einstellung bestärkt. Diese positiven Wirkmomente der Beziehungsgestaltung, der emotionalen Verbindung als Identifikation und Vertrauensbildung sind somit eine langfristige gute Grundlage für das Unternehmen: Identitätsbildung als Erfolgsfaktor!

Allgemeine Vorgehensweise beim Aufbau einer CI-Konzeption

Ausgangspunkt zum Aufbau eines stringenten Konzepts zur Verbesserung der Unternehmenskultur von innen und außen ist die Entscheidung für ein CI-Konzept, das von der Leitung des Unternehmens/der Organisation vorbereitet, angeregt und unterstützt wird. Der grundsätzliche Beschluß sollte von allen beteiligten Abteilungen mitgetragen werden, damit eine breite Basis für die Durchführung der einzelnen CI-Maßnahmen vorhanden ist (auch, um alle Beteiligten/Mitarbeiter anzusprechen und zu motivieren). Unterstützung kann sich die Unternehmensleitung suchen:

- durch eine eingehende Beratung. Helfen können dabei externe Berater und Referenten, Fortbildungsveranstaltungen und entsprechende Veröffentlichungen und Beispiele.

- durch einen Beauftragten/Verantwortlichen für Öffentlichkeitsarbeit, der in Absprache mit der Unternehmensleitung die zu fällenden Entscheidungen vorbereitet und für die weiteren CI-Schritte verantwortlich ist.

Das Ablaufschema zum Aufbau einer CI-Konzeption zeigt die verschiedenen Phasen der Vorgehensweise (vgl. Abbildung 13):

1. Festlegung der Beteiligten/Personen/Abteilungen und deren Verantwortlichkeit und Interessen.

2. Entscheidung, ob eine CI-Konzeption umfassend oder nur teilweise durchgeführt werden soll, und wenn ja, welche CI-Maßnahmen mit welcher Präferenz zu ergreifen sind.

3. Durchführen der CI-Maßnahmen und allmählicher Aufbau eines CI-Konzepts.

4. Kontrolle der einzelnen CI-Maßnahmen und der CI-Ergebnisse.

5. Ausbau und Ergänzung der CI-Konzeption.

6. Konsequente Anwendung und Überprüfung des CI-Konzepts nach innen und außen bei allen möglichen Gelegenheiten.

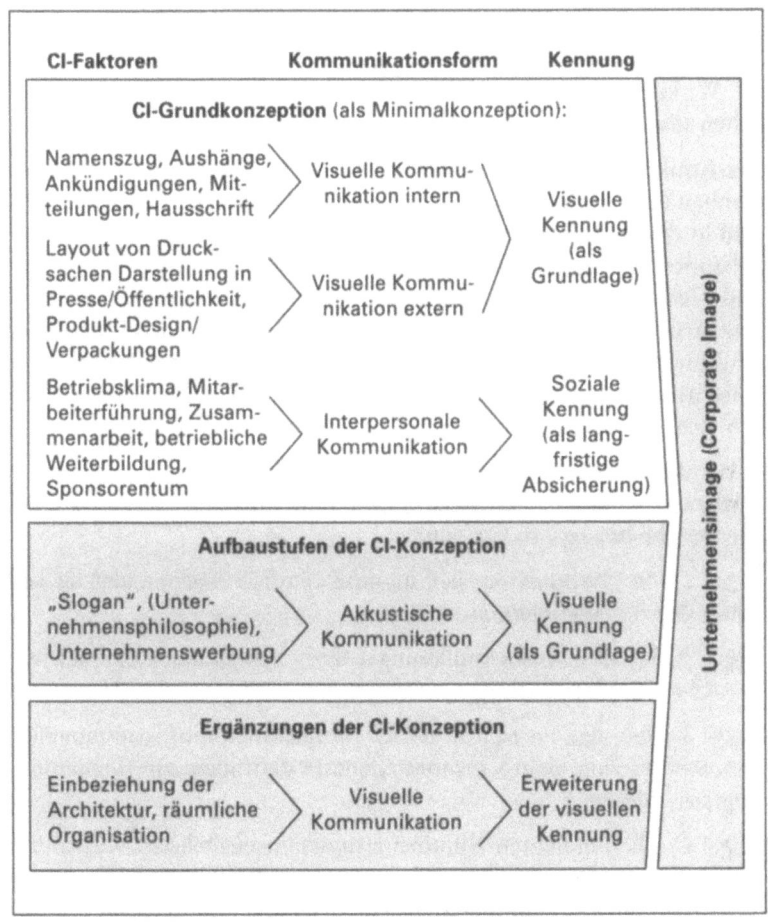

Abbildung 13: Strukturen einer Corporate-Identity-Grundkonzeption

Ein vollständiges CI-Konzept läßt sich anschaulich mit einem Bauwerk vergleichen, das abschnittweise erstellt wird. Zuerst müssen die Grundlagen erarbeitet werden, die grundsätzlichen Fragen zu den einzelnen Planungsbereichen. Diese einzelnen Problemanalysen führen zu Grundregeln und grundsätzlichen Aspekten, die für das Unternehmen wichtig sind und in den Richtlinien der CI-Konzeption zusammengefaßt werden als eine Art Fundamentplatte für das CI-

Bauwerk. Alle Maßnahmen in dem Unternehmen müssen diese Richtlinien der CI-Konzeption berücksichtigen und anwenden, um die Wirkungen aller Maßnahmen im Unternehmen zu einer einheitlichen und effektiven Imagebildung zusammenzufassen zu können. Die Konkretisierung des Konzepts entspricht dem darauf errichteten Rohbau (CI-Grundkonzeption). Die Ausbaustufen der CI-Konzeption sind in dieser Analogie der Ausbau und die Einrichtung eines Wohngebäudes, während die Ergänzungen des CI-Konzepts mögliche An- und Umbauten darstellen. Das Bild eines Hauses als Vorschlag für eine Architektur eines vollständigen CI-Konzepts verdeutlicht dieses strukturelle Vorgehen, ohne daß die einzelnen Maßnahmen eines Unternehmens weniger erfolgreich und zum Teil sogar widersprüchlich sein könnten.

Bevor die einzelnen Ansätze für die Grundlagen der CI-Konzeption erarbeitet werden, sollen Grundregeln angesprochen werden, die bei der Durchführung nützlich sind:

Regel 1: Die Unternehmensleitung muß deutlich machen, daß sie voll hinter den CI-Maßnahmen steht.

Regel 2: An den Ausformulierungen der CI-Richtlinien müssen alle Bereiche des Unternehmens beteiligt sein.

Regel 3: Über den Fortschritt der CI-Maßnahmen muß kontinuierlich berichtet werden, denn Corporate Identity darf nicht zur Geheimniskrämerei werden.

Regel 4: Alle Beteiligten/Mitarbeiter müssen sensibilisiert werden für die CI-Maßnahmen, weil ein so geschaffenes Problembewußtsein die Innenstruktur des Unternehmens verbessert und die Realisierung der CI-Maßnahmen beschleunigt.

Regel 5: Eine CI-Konzeption muß bei allen Aktionen des Unternehmens Anwendung finden, um so die Wirkung zu verstärken.

Im Rahmen der CI-Vorgehensweise werden zur Durchführung von CI-Maßnahmen einzelne Schritte notwendig:

1. *Problemanalyse:* Erfassung der Ist-Situation des Unternehmens,
2. *Briefing:* Grundsätzliche Aufgabenstellung hinsichtlich der Zielsetzungen, Soll-Situation,

3. *Entwurf:* Erarbeitung der CI-Maßnahmen beziehungsweise deren Zusammenstellung und Reihenfolge,
4. *Präsentation:* Vorlage und Bekanntmachung der entwickelten Vorschläge,
5. *Genehmigung:* Verabschiedung der Vorschläge,
6. *Realisation:* Anwendung, Durchführung, Ergänzung, Kontrolle.

Leitfragen helfen, für die Erarbeitung der einzelnen Grundlagen entsprechende Vorabinformationen zusammenzutragen:

Wer? Wie? Wo? und Für wen?

Die Ist-Situation beim vorgefundenen Lokalimage/Konkurrenzangebot, bei den Produktionsbedingungen, beim Betriebsklima, beim visuellen Erscheinungsbild und hauptsächlich in bezug auf das Produkt sollte möglichst selbstkritisch festgehalten werden, um darauf die Soll-Situationen (die Unternehmensphilosophie, die Richtlinien der CI-Konzeption müssen zwar nicht bis auf jedes Wort von jedem mitgetragen werde, aber doch zumindest für die Mehrheit einen Konsens darstellen), aufzubauen.

Ganzheitliches Unternehmensverhalten

Wie man CI macht, ist CI. Nur ein einheitliches, aufeinander abgestimmtes Verhalten aller Mitarbeiter und Führungskräfte kann eine Corporate Identity aufbauen und Erfolg bringen. Nur die Anwendung von CI erbringt die CI-Wirkung. Wo keine Ansätze für CI vorhanden sind, kann auch der einzelne innerhalb seiner eigenen Verantwortung Ansätze für CI schaffen. Profilbildende Elemente können herausgearbeitet und eingesetzt werden, auch in der Vorbildfunktion. Vorschläge und das Ansprechen von Kollegen können diese Beispiele unterstützen und verstärken. So kann CI beim Verkauf helfen, indem die Wirkungen überlegter und deutlicher von dem einzelnen Mitarbeiter eingesetzt werden und somit die Gesamtwirkung verstärken. Aus der Liste der Folgerungen für eine Corporate Identity kann sich der einzelne für jede Woche einen der Vorschläge herausnehmen und versuchen, in seiner Arbeit zu verwirklichen. Zum Beispiel „Wirkungen verstärken", indem man sich an diese Regeln/Leitbilder hält und praktisch umzusetzen versucht: Einfach, sicher, wirkungsvoll!

Ganzheitliche Wirkungen anstreben heißt als anderes Beispiel, den Kunden ein Produkt zu verkaufen und dabei *alle* ihre Bedürfnisse zu berücksichtigen. Dabei ist CI auch selbst ein Verkaufsargument: Der Kunde, der mit CI etwas verkauft bekommt, kann durch diesen Anreiz lernen und auch für sich selbst CI einsetzen. Wenn in seinem Unternehmen schon CI-mäßig gearbeitet wird, muß sich das Verkaufsgespräch danach ausrichten und die Cl-Richtlinien als Verkaufsargumente mit einbinden. Mit CI für CI verkaufen! Gerade der Fachhandel kann durch eine CI-orientierte Ausstattung den CI-Gedanken als Multiplikator weitertragen durch einen entsprechenden Verkauf, entsprechende Beispiele in der Ausstellung und in Publikationen.

Die mögliche Kritik, daß eine „CI-durchgestylte" Büroeinrichtung, die das Zusammengehörigkeitsgefühl des Unternehmens nach innen und außen gestalten soll, den Mitarbeitern keinen individuellen Entscheidungsspielraum gibt, übersieht dabei, daß alle in einem Boot sitzen und Mitarbeiter so ein klares Leitbild und eine Vorstellung von ihren Unternehmen haben. In ein vorhandenes Gesamtkonzept, das CI-mäßig gemeinsam erarbeitet wurde, kann sich der einzelne mit seinen eigenen Vorstellungen eher einbringen als umgekehrt.

Der einzelne Mitarbeiter kann besonders beim Aufbau eines Wir-Gefühls in seinem Unternehmen mithelfen. Durch eine offene Teamarbeit, bei Projekten und Anlässen kann er durch seinen Einsatz, sein Vorbild und das Ansprechen des Wir-Gefühls eine entsprechende Wirkung erzielen und damit auch die Einsatzfreude und das Wohlbefinden der Kollegen verbessern – und sogar bei sich selbst. Diese Ausrichtung zeigt, daß CI mehr ist als eine gezielte Gewinnmaximierung. CI mit seinen sozialen Aspekten und inneren Werten symbolisiert die Unternehmenskultur.

Zehn Grundsätze des Unternehmensverhaltens

Schaffen Sie ...

1. *Emotionale Wirkungen:* durch persönliches Ansprechen der Mitarbeiter und Kunden über das Fachliche hinaus, die Werte, Bedürfnisse und Gefühle berücksichtigen.

2. *Konzeptionelle Wirkungen:* durchlebte Unternehmenswerte und Vermittlung der Zielsetzungen entsprechend der CI-Konzeption beziehungsweise Unternehmensphilosophie in allen Aktivitäten.

3. *Eindeutige Wirkungen:* durch Abstimmung aller Einzelwirkungen Gegensätze und Verunsicherungen ausschließen. Überschaubarkeit und Transparenz beachten. Einfach, sicher, wirkungsvoll!

4. *Verstärkte Wirkungen:* durch einheitlichen Gebrauch, Wiedererkennung, Vernetzung von Einzelwirkungen. Synergieeffekte.

5. *Ansprechende Wirkungen:* durch Anreize, Blickpunkte und Kontakte Besonderheiten für den einzelnen hervorheben. Flexibilität und Innovation.

6. *Ganzheitliche Wirkungen:* durch ganzheitliches Arbeiten in Projekten/Systemen und Ansprechen aller Wirkungen. Nicht eine Sache isolieren.

7. *Kundenorientierte Wirkungen:* durch Kundenpflege und permanenten Kontakt, Ausrichtung auf spezifische Situationen und Probleme, guten Service und Verhaltensweisen der Mitarbeiter.

8. *Mitarbeiterorientierte Wirkungen:* durch Vertrauen in die Fähigkeiten der Mitarbeiter, persönliche Ansprache und Förderung, Motivation und Weiterbildung, CI-Mitarbeiterführung, Identifikation und Wir-Gefühl („Produktivität durch Menschen").

9. *Innen- und Außenwirkungen:* durch die verstärkten Wechselbeziehungen von gutem Arbeitsklima und Außenwirkungen.

10. *Imagebildende Wirkungen:* durch Qualitätsprodukte und Design von guten Partnern, Public Relations, Projekte, Sponsorentum, persönliches und Verbandsmanagement, Unternehmenskultur.

Aus den zehn Grundsätzen des Unternehmensverhaltens kann sich jeder für eine Woche einen Schwerpunkt heraussuchen, den er persönlich leben will. Darüber hinaus kann man versuchen, Wirkungsbeispiele in dieser Richtung von anderen wahrzunehmen. Dadurch wird jedem möglich, CI zu lernen und individuell umzusetzen – nicht zuletzt auch für seine eigene Person und sein eigenes Verhalten. In dieser Beziehung gleichen sich Menschen und Unternehmen: Wer weiß, wer er ist, was er kann und was er will, ist im Leben meistens erfolgreicher! Beide brauchen Orientierungen und Denkmodelle in Rahmen eines GesamtKonzepts. So ist das Unternehmen durch eine klare Selbstdarstellung besser von seinen Kunden und der allgemeinen Öffentlichkeit wahrzunehmen, der Bekanntheitsgrad wird größer und auch die Mitarbeitermotivation, (Ergebnisverbesserung durch Imagegewinn und Steigerung der Mitarbeitermotivation 10 bis 80 Prozent: Profit durch Profil!).

Wodurch werden Unternehmen zu „Profi-Unternehmen"?

Entscheidende Erfolgsfaktoren sind:

- Qualität der Produkte und der Arbeit
- Innovationsbereitschaft
- Flexibilität
- Informations- und Entscheidungstransparenz
- Kundenorientierung
- Mitarbeiterorientierung
- Unternehmensorientierung/Unternehmenskultur
- Konzeptionsorientierung/CI-Konzeption

Dabei geht es hauptsächlich um menschliche Faktoren (Mitarbeiter- und Kundenorientierung) in der übergeordneten und zusammenfassenden CI-Konzeption. Alle Mitarbeiter repräsentieren das Unternehmen und sind somit Träger der Unternehmenskultur und der besonderen Profilierung. Unternehmensziele müssen in allen Abteilungen und Bereichen und von allen Mitarbeitern gelebt werden. Die einfache Formulierung der gewünschten Wirkungen reicht nicht aus „Es gibt nichts Gutes, außer, man tut es!" (Volksmund). Wenn ein Unternehmen unbürokratisch, schnell agierend, innovativ, servicefreundlich, unkompliziert, hilfsbereit, mitdenkend, überlegen, souverän und kompetent sein will, geht das vorrangig über die Verhaltensweisen der Mitarbeiter. Investieren Sie in Ihre Mitarbeiter durch eine sensible CI-orientierte Mitarbeiterführung, die den einzelnen ernst nimmt und persönlich anspricht, investieren Sie zum Beispiel Zeit für entsprechende Einzelgespräche, Abteilungs- und Betriebsbesprechungen, aber auch für Feste und Anlässe, um das Arbeits- und Betriebsklima zu verbessern. Die Fähigkeit der Manager, das Unternehmen über seine sozialen Kompetenzen zu führen, wird in der Zukunft an Bedeutung gewinnen.

Im Blickpunkt: Der einzelne Mitarbeiter

Was kann der einzelne Mitarbeiter entsprechend der CI-Konzeption für die Profilierung des Unternehmens tun? Wichtigster Ausgangspunkt dabei ist, daß die schon vorhandenen CI-Elemente – und seien sie noch so gering und auch nur isoliert – angewandt werden, und daß sich die Mitarbeiter entsprechend des entwickelten Erscheinungsbildes verhalten. Das Wort-Bild-Zeichen/das Logo des Unternehmens sollte entsprechend der Richtlinien überall eingesetzt und benutzt werden, um die Wahrnehmung, Wiedererkennung, Verstärkung und Orientierung beim Mitarbeiter (Identifikation) und Kunden zu ermöglichen (Corporate Design). Der einzelne Mitarbeiter kann auf die Notwendigkeit der gemeinsamen Zielorientierung aufmerksam machen, Teilkonzepte für seinen Bereich entwickeln, Beispiele von anderen Unternehmen als Impulse mitbringen, Schulungen und Weiterbildungen anfordern, über die Personalvertretung und Gespräche „Mitstreiter" finden, den Nutzen für die Mitarbeitermotivation, die Personalentwicklung und das Marketing aufzeigen und in seinem Team vorleben.

Die Führungskräfte müssen sich zum qualifizierten CI-Manager entwickeln, um die einzelnen CI-Elemente umsetzen zu können, denn der enge Markt verlangt ein klares Profil des Unternehmens in allen Bereichen: CI durch eine spezifische Warenpräsentation, Öffentlichkeitsarbeit, Verkaufsförderung und Personalführung. Entscheidende Ziele sind also ein eindeutiges Unternehmensprofil und sich identifizierende und motivierte Mitarbeiter. Diese Unternehmenskultur beziehungsweise -persönlichkeit können Führungskräfte nur schaffen, wenn sie die soziale Kompetenz für eine entsprechende Mitarbeiterführung auf der Grundlage einer strategischen CI-Konzeption haben.

Diese Veränderung in den Denkweisen zeigt eine Hinwendung zur Produktivität durch Menschen, um durch einen verhaltensprägenden Einfluß auf die Mitarbeiter einen Unternehmenserfolg und eine Effizienzsteigerung zu bekommen. Im Rahmen einer Organisationsentwicklung werden das Arbeitsklima und die Leistungsfähigkeit der Mitarbeiter von der Art der zwischenmenschlichen Beziehungen bestimmt:

▶ ob Mitarbeiter zufrieden sind und Freude an der Arbeit haben (oder schon innerlich gekündigt haben),

▶ ob sie innovativ, motiviert und engagiert tätig sind und auch kritisch mitdenken,

▶ ob sie sich öffnen für gemeinsame Interessen und sich mit dem Unternehmen, den Zielsetzungen und Leitbildern identifizieren,

▶ ob das Arbeits- und Betriebsklima insgesamt leistungsfördernd ist.

Die früheren Managementtheorien zur Unternehmensführung waren am rational handelnden Menschen orientiert (mechanistisches Denken: „Alles ist machbar" – im Gegensatz zum ganzheitlichen Denken, das von einem Organismus ausgeht und von Denkmöglichkeiten für eine zukünftige Entwicklung). Erfolg wurde durch effiziente Unternehmensformen, Rationalisierungen und hierarchische Personalführung angestrebt, durch Kompetenzabgrenzung und Organisationsprogramme. Neben diesen „harten Faktoren" zur Profitorientierung, die kaum noch differenzieren und auch schon weitgehend ausgereizt sind, kommen heute, und besonders in der Zukunft, neue und menschliche Erfolgsfaktoren ins Spiel.

Trotz gewisser Ähnlichkeiten der Unternehmen untereinander in bezug auf die Organisation, die Unternehmensführung und bei der Produktgestaltung gibt es nicht quantifizierbare Erfolgsfaktoren. Diese „weichen Faktoren", die die Persönlichkeit des Unternehmens, die Unternehmenskultur darstellen, wurden bislang zu wenig beachtet. Jedes Unternehmen sollte sein eigenes/spezifisches Profil als Gesamtwirkung des Unternehmens deutlich zeigen. Durch CI werden damit neue Felder besetzt, die zur Differenzierung auf dem Markt notwendig sind und die von den Mitbewerbern nicht einfach kopiert werden können. Unternehmen, die mit einer CI-Konzeption arbeiten, sind prozeßorientierter, professioneller und profilierter und somit erfolgreicher als andere.

CI als Projektablauf

Arbeiten an Problemen der Corporate Identity sind von grundlegender Bedeutung. Sie sollten nur auf der Basis genauer Informationen zum derzeitigen Image des Unternehmens bei allen seinen Zielgruppen durchgeführt werden.

Die Ist-Analyse, die die Bereiche Unternehmensgeschichte, Unternehmensphilosophie, Unternehmensverhalten, Corporate Design und Unternehmenskommunikation umfaßt, muß dann der angestrebten Soll-Situation, dem erwünschten Unternehmensimage in allen seinen Teilaspekten, gegenübergestellt werden. Die sich ergebende Lücke wird definiert und durch planmäßige Aktivitäten der Unternehmen oder Organisationen in definierten Zeiträumen geschlossen.

Der Projektablauf wird durch die folgenden Schritte gekennzeichnet:

▶ Problemdefinition und Ausgangslage
▶ Situationsbestimmung und Ist-Analyse gemäß CI-Projekt-Checkliste
▶ Aufzeigen der Lücken und Formulierung der Aufgabenstellung
▶ Zielsetzung für CI-Projekt und Soll-Analyse
▶ Festlegung eines Corporate-Identity-Verantwortlichen und Bestimmung einer Arbeitsgruppe
▶ Einbindung der Arbeitsgruppe in die Unternehmensorganisation entsprechend dem der Corporate Identity eingeräumten Stellenwert

- Entwicklung eines Projektplanes für Gesamtmaßnahmen und Detailmaßnahmen mit Zeit und Kostenplanung
- Verabschiedung des Projektplanes und detaillierte Aufgabenstellung durch die Unternehmensleitung
- Festlegung von Kontrollpunkten
- Erarbeitung, Verabschiedung und Durchführung von Projektlösungen mit Ergebniskontrollen
- regelmäßige zusammenfassende Informationen der CI-Arbeitsgruppe über Projektergebnisse und weitere Projekte
- Kontrolle der Veränderung der Unternehmensidentität und des Unternehmensimages aufgrund durchgeführter CI-Maßnahmen.

Zur Erstellung der Ist-Analyse im Rahmen der Arbeit an CI-Maßnahmen ist die Projekt-Checkliste ein bewährtes Hilfsmittel. Darüber hinaus dient sie als Unterlage bei der Überprüfung des Aktionsverhaltens des Unternehmens und des Reaktionsverhaltens der Zielgruppen. Die Projekt-Checkliste ist Denkrahmen und Organisationshilfe, zwingt zur Systematik beim Aufbereiten des Materials und zeigt Informationslücken auf.

Die Projekt-Checkliste gliedert sich in die folgenden Stichworte/Komplexe:

- das Unternehmen selbst,
- Unternehmensgeschichte,
- Unternehmensphilosophie,
- Unternehmensimage,
- Unternehmensziele,
- Corporate Attitude,
- Corporate Design,
- Corporate Communication,
- Durchführung und Organisation.

5

Aufbau einer Corporate Identity: Formen – Führen – Wirken

Von der Corporate Identity (CI) zum Ganzheitlichen Identitätsprozeß (GIP)

Was bringt uns CI? Können wir mit CI unsere aktuellen Probleme lösen? Ist CI so realisierbar, daß es zum entscheidenden Wettbewerbsfaktor und Erfolgsfaktor wird? Unter welchen Bedingungen ist CI ernsthaft, glaubwürdig und damit erfolgreich realisierbar? Wie muß man beim CI-Prozeß vorgehen? Die Führungskräfte in ihrer Sandwich-Position sind Träger des CI-Gedankens – also entweder Befürworter oder Verhinderer. Im Rahmen eines Ganzheitlichen Identitätsprozesses, als Fortentwicklung der CI-Idee, können die Führungskräfte durch Formen, Führen und Wirken zusammen mit ihren Mitarbeitern das beste und längerfristigste Krisenmanagement aufbauen – durch Vertrauen.

Daher entscheiden in Zukunft nicht die Produkte über den Erfolg, sondern die Dienstleistungen um die Produkte herum, werden Begriffe wie Mitarbeitermotivation, Kundenzufriedenheit, Identität und Image immer mehr zu den zentralen Erfolgsfaktoren.

Manager müssen sich für oder gegen den Veränderungsprozeß entscheiden: vorbildlich selbst mitmachen oder ihn verhindern. Viele Manager und Führungskräfte wissen davon, können sich aber nicht für CI entscheiden. Dagegen sprechen falsche und veraltete Vorstellungen von CI, Ängste vor zuviel Veränderung für sich und ihre Mitarbeiter, Ängste auch vor zu hohen Kosten, der Langfristigkeit und dann der Ernsthaftigkeit, der Konsequenz eines CI-Prozesses, der nach innen ja dann auch besonders schwierig werden könnte (Forderungen, Umstrukturierungen, Veränderungen). Der entscheidende Aspekt gegen CI ist aber die Einstellung der Personen, die darüber entscheiden. Ein Widerspruch in sich: Sie wollen sich nicht ändern, aber doch möglichst schnelle Veränderungen und vorzeigbare Erfolge aufweisen.

Nur jede zweite Führungskraft kann sich den zukünftigen Anforderungen nach Teamfähigkeit, Eigeninitiative, Konflikt- und Verantwortungsbereitschaft flexibel anpassen und sich entsprechend weiterentwickeln. Lieber suchen sie sich andere Strategien, die *Was* und *Andere* verändern, aber bei denen sie sich selbst nicht verändern müssen: Manager als Gestalter und nicht als vorbildliche Beteiligte! Nicht umsonst sind gerade Lean-Produktion und Qualitätsmanagement gefragt – wobei man aber doch wissen sollte, daß alle Verbesserungen nur über die Mitarbeiterinnen und Mitarbeiter richtig zum Tragen kommen. Also nur mit und nicht gegen die Mitarbeiter – und das erfordert Mitmachende Führungskräfte.

Unternehmensberater in Amerika werden unterschieden in Jäger und Gärtner. Die Jäger kommen in ein Unternehmen, schießen das Wild ab, haben einen schnellen, vorzeigbaren Erfolg und gehen wieder. Die Gärtner hingegen machen Analysen, um dann entsprechend zu düngen, zu gießen und eventuell zu beschneiden. Wachsen müssen die Pflanzen aber allein.

Erfolge sind nicht direkt und allein auf den Gärtner zurückzuführen und nur sehr langfristig. Die Entscheidung für oder gegen CI wird damit zur Frage nach dem persönlichen Weltbild und der persönlichen Darstellung der Manager. Der Prozeß des GIP sollte alle Mitarbeiter ansprechen und ihnen Kooperationsmöglichkeiten bieten. Für den Aufbau ist die direkte Beteiligung der Führungskräfte aus unterschiedlichen Ebenen wesentliche Grundlage. Bausteine hierfür sind Führungskräfte-Schulungen und ein CI-Team aus oberster und mittlerer Führungsebene. Die persönliche Kultur der Führungskräfte ist die Basis für die Unternehmenskultur der Gesamtorganisation: Haben sie eine – haben sie eine! Ein GIP muß also langfristig angelegt und entwickelt werden in Zusammenarbeit mit den Führungskräften (vgl. Abbildung 14).

> Schreite vertrauensvoll vorwärts
> in die Richtung Deiner Träume,
> versuche Deine Vorstellungen zu
> verwirklichen und Du wirst
> ungeahnte Erfolge erleben.
> H. D. Thoreau

> Des Menschen größtes Verdienst
> bleibt wohl, wenn er die Umstände
> soviel als möglich bestimmt und sich
> so wenig als möglich von ihnen
> bestimmen läßt.
> J. W. von Goethe

Der Weg zum Aufbau einer ganzheitlichen Corporate Identity (CI) durch einen Ganzheitlichen Identitätsprozeß (GIP) beginnt mit der Bewußtseinsbildung aller beteiligten Führungskräfte und Mitarbeiter. Als eine bewußte Selbstgestaltung der Organisation nach innen und außen werden gemeinsam Grundlagen in bezug auf Ziele, Konzepte und Projekte entwickelt und umgesetzt. Damit beginnt ein Prozeß der kontinuierlichen Veränderung und Verbesserung unter dem Leitbild der lernenden Organisation.

10 Schritte auf dem Weg in Richtung CI durch einen GIP:

Communication	**I**nformieren aller Beteiligten
Confrontation	**I**nitiieren, den Prozeß in Gang setzen
Cooperation	**I**ntegrieren der Betroffenen
Corporate	**I**dealisieren, Ziele entwickeln zur Abstimmung
Coordination	**I**nstrumentalisieren, Vorgehensweisen, Methoden
Curriculum	**I**mplementieren der Grundsätze, Richtlinien, Regeln
Chaos	**I**mprovisieren, Fehler, Kritik berücksichtigen
Controlling	**I**motivieren, verbessern, verändern
Collegialität	**I**dentifizieren, Wir-Gefühl aufbauen
Collage	**I**mage bilden, Präsentation nach außen

Abbildung 14: Weg in Richtung CI durch einen GIP

Widerstände und Probleme beim CI-Prozeß

Die große Gefahr bei jedem Verbesserungsprozeß besteht darin, daß man

▶ gar nichts ändern und alles beim alten lassen möchte: Es besteht keine echte Beratungs- und Veränderungsbereitschaft. Die Notwendigkeit und der Leidensdruck sind nicht groß genug;

▶ eher auf der Meta-Ebene bleibt und lieber theoretisiert und plant: *Man* müßte, *man* sollte, *man* hätte! Ein solches *Man*agement bringt die Weltmeisterschaft im Planen – nicht im konkreten

Verbessern! Erst die gelebten Veränderungen bringen die Verbesserungen und Erfolge;

▶ eine Alibifunktion braucht, um ausbleibende Erfolge zu rechtfertigen: Wir tun doch etwas und wenn konkrete Verbesserungen fehlen, ist es dann zumindest nicht unsere Schuld;

▶ sich selbst als leitende Führungskraft als gut einschätzt und nicht verändern muß: Eigene Machtpositionen und Führungsstrukturen sind gut – verändern und verbessern müssen sich die anderen, die Mitarbeiter;

▶ für die Nicht-Erfolge, Fehler und Frustrationen einen Sündenbock braucht: „Die da oben! Das ist alles sehr schwierig, nicht so einfach. Der Berater ist nicht gut. Das ist nicht die richtige Zeit und die richtige Theorie." Das sind rhetorische Killer-Phrasen!

▶ nach der Anfangsphase die ersten Probleme, Widerstände und Frustrationen erlebt hat, die Motivation, die Euphorie nachläßt und die Dynamik der Veränderung nicht mehr da ist. Woher kommen neue Motivationsanreize, neue Initiativen und damit die Stringenz der Verbesserungen und Veränderungen? Wie kann aus dem Veränderungsprozeß ein kontinuierlicher und andauernder Verbesserungsprozeß werden? Die Motivation muß zur Eigenmotivation – die Initiative zur Eigeninitiative – werden (aus sich selbst herauskommen), damit daraus ein wirklich längerfristiger Prozeß und nicht nur eine Luftblase entsteht. Hier geht es um die Glaubwürdigkeit jedes einzelnen!

▶ in seiner Organisationskultur zu gut, stark und überheblich wird. Diese Arroganz führt sehr schnell wieder zu Mißerfolgen. Viele Organisationen erstarren wieder und kippen in ihren Wirkungen nach innen und außen sehr leicht um: Identität und Image bauen sich nur sehr langsam auf, aber sehr schnell ab! Warnzeichen werden nicht mehr wahrgenommen, Innovationen sind nicht mehr nötig und Flexibilität, Mitarbeitermotivation und Kundenzufriedenheit – das haben wir doch alles! Wir haben eine gute Identität und ein gutes Image, was wollen wir mehr? Wer überprüft die Zielsetzungen, ob sie wirklich erreicht sind, wer kontrolliert die Verbesserungen und Veränderungen?

▶ allgemeine Organisationsgrundsätze, Organisationsziele und Führungsgrundsätze hat, sie aber nicht lebt, konkret in allen Bereichen und Ebenen der Organisation umsetzt und direkt und explizit überträgt auf die alltägliche Arbeit, damit so die Verbesserungen zum Tragen kommen;

▶ große Erfolge braucht, vorsichtshalber also nicht alles verändert und somit lieber einzelne Aspekte eines langfristigen, umfassenden und ganzheitlichen Verbesserungsprozesses herausisoliert, um diese Teilerfolge schnell vorzeigen zu können. Der Kostendruck zwingt zu schnellen und vorzeigbaren Einzelergebnissen (Aktionismus): Verbesserung nicht um der Verbesserung willen, sondern um sich darstellen zu können;

▶ bei den ersten Krisen lieber wieder auf eine neue Theorie setzt, um damit eine neue Motivation zu haben und die ersten Mißerfolge zu kompensieren. Neue Vorschläge werden nicht integriert, man wechselt lieber das Thema (Fluchtpunkt des Denkens), bevor es wirklich ernst wird und reale Veränderungen durchgeführt werden, die für alle Betroffenen Unruhe und Ängste mit sich bringen.

Quantensprung vom Was zum Wie

Der Paradigmen-Wechsel in der Corporate Identity zeigt sich in der Entwicklung von einer CI, die sich vorrangig mit den Außenwirkungen beschäftigte, hin zu einer ganzheitlichen CI – zu einem Ganzheitlichen Identitätsprozeß, der zusätzlich auch die Innenwirkungen aufbaut. Dabei ist die Vorgehensweise entscheidend und nicht allein das Ergebnis. Nicht das Vorhandensein von Unternehmensleitbildern (die die Chefs allein gut finden), sondern die mit den Mitarbeitern gemeinsam entwickelten Organisationsgrundsätze (die auch von den Mitarbeitern engagiert mitgetragen, gelebt und umgesetzt werden) führen zum Erfolg. Der Quantensprung führt somit vom *Was* zum *Wie*: Wie man CI macht, ist entscheidend. Die Darstellung über ein einheitliches Erscheinungsbild und Design ist heute Voraussetzung, Notwendigkeit und Grundlage für jede Organisation. Design wird erwartet, ist notwendig und nichts Neues mehr.

Fragen zur Glaubwürdigkeit und damit zum entscheidenden Erfolg der GIP-Entwicklung

Die Vorgehensweise eines Ganzheitlichen Identitätsprozesses hat vier Ziele: Die Effektivität der Zusammenarbeit, die Qualität der Arbeitsleistung, die Stärke der Identität und die Profilierung der Images. Die entscheidenden Fragen nach der Realisierbarkeit und nach dem Erfolg eines solchen Prozesses sind folgende:

1. Inwieweit können in der ersten Phase des Anschiebens bei den beteiligten Führungskräften aus unterschiedlichen Bereichen und Ebenen Offenheit, Glaubwürdigkeit und Vertrauen geschaffen werden, damit alle motiviert und zur Mitarbeit angeregt werden?
2. Inwieweit wird dieser Verbesserungsprozeß von den Geschäftsführern/Organisationsleitern unterstützt, angeregt, getragen und vorbildlich (auch für sie selbst) umgesetzt?
3. Inwieweit werden die Ergebnisse (zum Beispiel CI-Team, Organisationsgrundsätze, Organisationsziele und Richtlinien, Führungsgrundsätze, Team- und Projektentwicklungen) umgesetzt und gelebt – mit welcher Ernsthaftigkeit und Stringenz?
4. Inwieweit werden die Ergebnisse zu Erfolgen? Können die Ergebnisse dieses Prozesses in ihrer Ganzheitlichkeit Synergieeffekte schaffen und damit direkte Vereinfachungen, Einsparungen und Verbesserungen?
5. Inwieweit kann dieser Verbesserungsprozeß längerfristig beziehungsweise andauernd in Gang gehalten werden? Kann die Motivation immer wieder neu angefacht werden? Wie reagieren die Organisationen auf Probleme und Krisen. Können sie sich flexibel innovativen Veränderungen stellen? Können auch andere Führungs-, Organisations- und Managementtechniken integriert werden? Kann letztlich eine starke Identität nach innen und ein gutes Image nach außen aufgebaut werden?

Zum Aufbau und zur Entwicklung eines GIP ist ganz entscheidend, wie man es macht und wie man dabei vorgeht. Diese methodischen und didaktischen Fragestellungen stehen somit auch bei jeder GIP-Beratung im Vordergrund. Der Unternehmensberater soll nicht ausschließlich eigene Vorschläge einbringen, sondern sie mit den Führungskräften gemeinsam entwickeln (wie ein Gärtner) und sie dabei beraten. CI-Berater sind weniger Designer oder Betriebswirtschaftler, als vielmehr Moderatoren, Intendanten und Trainer – also Sozialwissenschaftler.

Bausteine bei der Vorgehensweise zur GIP-Entwicklung

Was macht eine Organisation erfolgreich?

1. Gute Arbeit, guter Service, Produktqualität
2. Gute Arbeitsbedingungen, Organisationsstrukturen
3. Gutes Management, gute Führungs- und Leitungsstrukturen, gute Mitarbeiterführung
4. Hohe Mitarbeitermotivation
5. Nutzung der Mitarbeiterressourcen durch Stärkung der Entscheidungsspielräume, Beteiligung der Mitarbeiter
6. Verbesserung der Zusammenarbeit, Teamentwicklung
7. Gutes Betriebsklima, Wir-Gefühl, Zufriedenheit der Mitarbeiter
8. Kundenorientierung
9. Qualitätsmanagement, Controlling
10. Strategisches konzeptionelles Vorgehen durch Ist-Analyse, Soll-Analyse (Zielorientierung), Maßnahmenkonzepte, Controlling
11. Gutes Image, Bekanntheit, guter Name

Welcher dieser elf Erfolgsfaktoren ist Ihnen besonders wichtig und entscheidend für Ihren Erfolg?

Nicht ein Kriterium allein entscheidet über Erfolg oder Nichterfolg, sondern die Vernetzung aller Einflußfaktoren, die Ganzheitlichkeit bringt erst den Erfolg – wobei die Mitarbeiter die tragende und damit entscheidende Größe für alle anderen Orientierungen sind. Die strategische und konzeptionelle Verbindung aller Erfolgsfaktoren durch eine ganzheitliche Führungs- und Organisationstheorie schafft eine Abstimmung der Einzelwirkungen nach innen und außen und bringt somit den Gesamterfolg. Corporate-Identity-Konzepte für Unternehmen und Organisationen bringen Synergieeffekte und Leistungssteigerungen als Effizienz durch Menschlichkeit – als Verbesserung des Betriebsklimas, der Mitarbeitermotivation und der Beteiligung der Mitarbeiter.

Für Organisationen, die durch und mit einer ganzheitlichen CI noch besser und erfolgreicher werden wollen, schlage ich folgende Vorgehensweise vor.

Die sechs Erfolgs-Phasen des GIP

Grundbausteine und Phasen der Vorgehensweisen zum Aufbau eines Ganzheitlichen Identitätsprozesses in Unternehmen und Organisationen (die sechs **E**rfolgs-**E**s):

1. **E**rwartungen: Vorgespräche, Workshops, *gemeinsame Vorgehensweise entwickeln*.

2. **E**inführungen: *Führungskräfte-Schulungen* zur Information über den CI-Ansatz, Motivations-Basis, gemeinsame Entwicklung, Erarbeitung und Eintrainieren von Zielen und Richtlinien.

3. **E**ntwicklung: Bildung eines *Corporate-Identity-Teams* zur Beteiligung der Mitarbeiterinnen und Mitarbeiter (alle Organisationsebenen und Abteilungen sowie auch Bereiche der Öffentlichkeitsarbeit), zur integrativen Erarbeitung von Organisationskonzeptionen, Projektgruppen, Projektmanagement-Konzepten und zur CI-Moderation. Ist-Analyse zum Herausfinden der Stärken und Schwächen der Organisation, ihrer Arbeitsweisen und Wirkungen. Soll-Analyse als gemeinsame Zielfindung (Visionen, Leitbilder, Zielsetzungen, Organisationsgrundsätze). Entwicklung eines Corporate-Identity-Konzepts zur Abstimmung aller Einzelmaßnahmen: gemeinsame Entwicklung der Organisationsziele, Führungsgrundsätze und Organisationsrichtlinien, Ergebnisse werden zu Erfolgen: von der Entwicklung zum Erleben – vom Inhaltsaspekt zum Beziehungsaspekt.

4. **Erfolge:** *Gemeinsame Entwicklung einer Führungs- und Organisationsstruktur* (Organisationsstrukturen, Richtlinien, Entscheidungsräume schaffen): Organisationsgrundsätze, -ziele, -strukturen, CI-, Design- und Communications-Richtlinien, Führungsgrundsätze, Projektgruppen, Team- und Personalentwicklung, Maßnahmen und Projekte zur Verbesserung der Identität, des Wir-Gefühls, der Mitarbeitermotivation, des Images, des Designs, der PR, der Öffentlichkeitsarbeit und des Marketings, Bewußtmachung, Sensibilisierung und Training der neuen Führungs- und Organisationsstrukturen für Führungskräfte und Mitarbeiter.

5. **Erfahrungen:** *Controlling.* Controlling der Maßnahmen und Konzepte, Nachbesserungs-Möglichkeiten, Analysen und neue Zielsetzungen und Perspektiven durch das Corporate-Identity-Team.

6. **Erleben:** Entwickelte *CI-Ergebnisse* müssen entsprechend den Richtlinien und Freiräumen *umgesetzt* und in der Arbeit *gelebt* werden, damit die Wirkungen *sichtbar werden.* Alle Maßnahmen nach innen und außen werden CI-orientiert aufeinander abgestimmt.

Erwartungen   Entwickeln und   Erleben!

Schaffen Sie Vertrauen nach innen und außen

Wenn CI wirklich glaubwürdig und ernsthaft entwickelt werden soll, dann sind Offenheit und Klarheit gute Voraussetzungen für den gemeinsamen CI-Prozeß. Die einzelnen Bausteine und Stationen des Aufbaus einer ganzheitlichen CI müssen auf diese Vertrauensbasis ausgerichtet sein. Die Führungskräfte können ihre Mitarbeiter nicht zu besserer Qualität, Leistungssteigerung, Identifikation und Motivation zwingen, sie können nur helfen, unterstützen und vormachen, so daß sie es selbst erkennen, wollen und engagiert machen. Alle aufgezwungenen Top-down-Anordnungen, die nicht akzeptiert werden, werden auch nicht ernsthaft in die Praxis umgesetzt. Führungskräfte haben deswegen als zentrale Aufgabe die Schaffung von Akzeptanz und Vertrauen: Durch Formen, Führen und Wirken wird eine Identität geschaffen, die als Unternehmensidentität auch wichtige imagebildende Wirkungen hat.

Vorrangig für die Identitätsbildung ist also das Miteinander-Umgehen (Corporate Behavior und Corporate Culture), und das macht ein Unternehmen erfolgreich. Verschiedene Untersuchungen in den USA und in Europa haben schon 1986 gezeigt, was Thomas Watson, Gründer von IBM, so ausgedrückt hat: „Der wirkliche Unterschied zwischen Erfolg und Nichterfolg eines Unternehmens läßt sich häufig darauf zurückführen, wie gut das Unternehmen es versteht, die Energie- und Talentreserven seiner Mitarbeiter zu nutzen. Was tut das Unternehmen, damit diese Menschen zu einer gemeinsamen Sache finden? Ich bin überzeugt, daß jedes Unternehmen, um zu überleben und erfolgreich zu sein, einen soliden Bestand an Grundüberzeugungen braucht, von denen es sich bei allen Entscheidungen und Maßnahmen leiten läßt." (zit. nach Waterman, R. H.: Auf der Suche nach Spitzenleistungen, Landsberg am Lech 1986, S. 322)

Erfolge schaffen Mitmenschen!

Eine orientalische Weisheit sagt, daß wer allein arbeitet, addiert, wer zusammen arbeitet, multipliziert. Mitarbeiterführung hieß früher, die Mitarbeiter allein sind nicht in der Lage, gut zu arbeiten, deshalb müssen sie geführt werden. Die anfallende Arbeit wurde aufgeteilt und mit Anweisungen *(management by delegation)* die Mitarbeiter dazugebracht, daß diese die Teilarbeiten wie bei einer Fließbandarbeit verrichteten.

Diese Auffassung ist längst veraltet, wird aber noch häufig praktiziert. Echte Delegation bedeutet, ich habe Vertrauen zu den Mitarbeitern, in ihre Kompetenz und zu mir selbst, und will Menschen durch Arbeit entwickeln *(management by objectives)*. Ein CI-Prozeß, der auf Vertrauen aufbaut, bringt gleichzeitig Vorteile für den einzelnen Mitarbeiter und für die Unternehmung. Diese Personalentwicklung bringt durch mehr Selbständigkeit und Mitentscheidung eine bessere Motivation, Zufriedenheit und dadurch auch eine bessere Arbeitsleistung. Leistungssteigerung durch Vertrauen bringt den wirklichen Unternehmenserfolg: Erfolge schaffen Mitmenschen!

„Behandle die Menschen, wie sie sein sollen, dann wirst Du sie verändern." Dieser Leitspruch von Goethe für den Umgang mit Menschen zeigt die vertrauensvolle, grundsätzliche und konsensorientierte Richtung.

Vorgehensweise zum Aufbau eines CI-Konzepts

Wie kann man eine ganzheitliche Corporate Identity aufbauen und entwickeln? Diese entscheidende Frage kann durch die eingangs erwähnte AMC-Methode (Analysen/Maßnahmen/Controlling) verdeutlicht werden. Es gibt dabei aber keine Patentlösung, sondern nur viele unterschiedliche Ansätze und Möglichkeiten, die entsprechend der Situation, der Anlässe und spezifischen Unternehmenskultur und der Ziele ausgewählt und selbst entwickelt werden müssen. Der Entwicklungs- und Veränderungsprozeß braucht jeweils individuelle und spezifische Vorgehensweisen.

Ausgangspunkt zum Aufbau eines stringenten Konzepts zur Verbesserung der Qualität des Unternehmens von innen nach außen ist die Entscheidung für ein CI-Konzept, die von der Unternehmensleitung und einer Vorbereitungsgruppe vorbereitet wird. Der grundsätzliche Beschluß muß von der Gesamtleitung kommen, damit eine breite Basis für die Durchführung der einzelnen CI-Maßnahmen vorhanden ist und auch, um alle Beteiligten anzusprechen und zu motivieren. Für größere Unternehmen kann sich die Leitung Unterstützung suchen (vgl. Abbildung 15)

▶ durch eine eingehende Beratung als Anregung und Unterstützung. Helfen können externe Berater und Referenten sowie erste Fortbildungsveranstaltungen;

▶ durch CI-Führungskräfte-Workshops (als Schnupperkurse);

▶ durch einen Beauftragten für Öffentlichkeitsarbeit, Marketing oder Personalentwicklung, der in Absprache mit der Unternehmensleitung die zu fällenden Entscheidungen vorbereitet und bei den weiteren CI-Schritten mit dabei ist.

Schaffen Sie einen Veränderungsprozeß!

Ziele *setzen* unser Verhalten in Gang, Konsequenzen *halten* es in Gang. Was bringt uns CI konkret? Am Anfang steht meistens ein enormer Motivationsschub. Wichtig ist, diese Motivation in konkrete

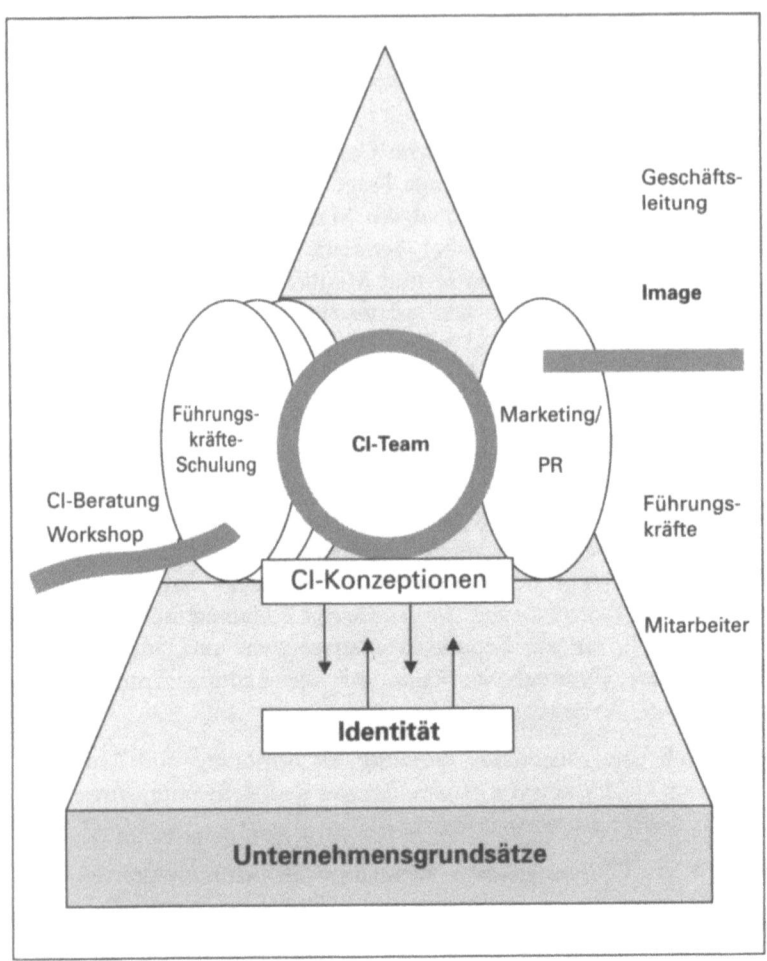

Abbildung 15: Aufbau einer Corporate Identity

Maßnahmen und Projekte, also in Veränderungen, überzuleiten und gleichzeitig deutlich zu machen, daß diese Veränderungen Zeit brauchen, um wirksam zu werden. Besonders Veränderungen unserer bisherigen Einstellungen und Denkweisen. Bewußtseinsveränderungen brauchen am Anfang länger, sind aber dafür länger wirksam! Mit solchen CI-Prozessen sollen nicht allein nur kurzfristige und schnelle

Erfolge und Teilerfolge erzielt werden, sondern es geht dabei um ganzheitliche, also umfassende und auch längerfristige Erfolge. Nur ein längerfristiger Veränderungsprozeß kann gleichzeitig die Organisation, die Beteiligten und ihre Denk- und Arbeitsweisen sowie die Identität und das Image als Zielgrößen aufnehmen und miteinander zu einem Synergieeffekt verbinden. Es ist insgesamt ein gemeinsamer Lernprozeß. Nicht das CI-Team allein erreicht die Verbesserungen, sondern es kann nur Pro-Motor sein für einen gemeinsamen Erfolg.

„Wenn Du ein Schiff bauen willst, so trommle nicht die Männer zusammen, um Holz zu beschaffen, Werkzeuge vorzubereiten und Aufgaben zu vergeben. Lehre sie die Sehnsucht nach dem weiten Meer."
Antoine Saint-Exupéry

Die Basisfindung durch das gemeinsame Entwickeln von Grundsätzen, Leitbildern, Richtlinien und Konzepten braucht Zeit. Es ist ein gemeinsamer Findungsprozeß und konkrete Bewußtseinsbildung. Die Praxiserfolge sind dann fast Selbstläufer, wenn der Prozeß gut angeschoben wird und damit die Aufbruchstimmung in die einzelnen Konzeptentwicklungen übergehen kann und damit die Praxis unterstützt und bestärkt. Schaffen Sie also am Anfang durch klare Ist- und Soll-Analysen eine gemeinsame Orientierung: „Wer nicht weiß, wohin er segeln will, für den ist kein Wind der richtige." (Seneca)

Aus der Schiffahrt lassen sich auch drei Methoden ableiten, um ein Ziel zu erreichen:

1. Die *Wikinger-Methode*: Nach dem Motto „Vertrauen ist gut„ haben sie mit einem guten Führer und Gebeten zu ihren Göttern auf ihren Reisen auch Amerika entdeckt. Mit dieser Offenheit haben sie ohne direkte Zielsetzung Erfolge erzielt.

2. Die *Titanic-Methode*: Nach dem Motto „Vertrauen ist gut – Kontrolle ist besser" wurde möglichst alles bis aufs kleinste Detail vorausgeplant, um eine große Sicherheit zu haben. Aber leider bleibt immer ein Restrisiko, man kann nicht alles 100 Prozent voraussehen und vorherbestimmen: Das Sicherheitsdenken war zu starr und ist ein Fluchtpunkt des Denkens. Amerika wurde auch nicht erreicht.

3. Die *Kolumbus-Methode*: Nach dem Motto „Selbstvertrauen, Selbstverantwortung und Selbstkontrolle sind am besten" müssen wir von den anderen Methoden lernen. Wir brauchen ein globales Ziel, eine Vision, damit die Richtung bestimmt werden kann. Wir müssen ungefähr wissen, mit welchen Problemen man zu kämpfen haben wird, damit man sich entsprechend vorbereiten kann (Strömungen, Winde, menschliche Qualitäten, Mittel, Vorrat usw.). Wir müssen auch Instrumente besitzen, um täglich unsere Position bestimmen zu können (Was war bis jetzt? Wo sind wir im Augenblick? Wie gehen wir weiter?). Die nächsten Schritte werden erst nach einer neuen Bestimmung festgelegt, damit können wir sehr flexibel und mit kleinen Schritten unser Ziel erreichen (obwohl Kolumbus ja eigentlich nicht Amerika erreichen wollte).

Nach der AMC-Regel ist das Controlling nicht das Ende, sondern eine Zwischenpositions-Bestimmung. Unwegsamkeiten, Fehler und auch neuere Entwicklungen verhindern, daß das Ziel direkt zu erreichen ist. Erst der Ist-Soll-Vergleich zeigt, ob wir etwas verändert haben und am Ziel sind. Meistens müssen wir aber noch nachbessern und ergänzen und uns dann auch fragen, ob unsere Zielsetzung noch stimmt. Im Rahmen der permanenten Veränderung werden die anderen oder auch neue Ziele angegangen. Der Prozeß geht weiter.

Aufbau eines CI-Teams

Das zu bildende CI-Team bekommt als Steuerungs- und Koordinationsgruppe die Aufgabe, den CI-Prozeß zu managen. Nach einem CI-Führungskräfte-Workshop und/oder nach ersten Führungskräfteschulungen zur allgemeinen Information über den CI-Prozeß, zur Motivation und ersten gemeinsamen Strategieentwicklung (Vorgehensweise und erste Konzeptentwicklungen) kann nicht mit *allen* Mitarbeitern zusammen weitergearbeitet werden. Eine ausgewählte Arbeitsgruppe kann den CI-Prozeß effektiv planen, steuern und gestalten.

Das *CI-Team*

- ist beratendes Organ der Geschäftsführung
- ist verantwortlich für die Entwicklung der CI nach innen und außen – in Zusammenarbeit mit der Geschäftsführung
- ist Ansprechpartner, Koordinator, Motivator und Controlling-Instanz für alle CI-Maßnahmen
- muß sich organisieren, koordinieren und eine Teamleitung festlegen. Die Teamgröße umfaßt fünf bis zwölf Teilnehmer
- setzt sich aus freiwilligen Mitarbeitern aus den verschiedenen Abteilungen, Gruppen und Positionen und aus der Geschäftsleitung zusammen
- trifft sich regelmäßig, mindestens einmal im Monat, nach Bedarf häufiger
- die CI-Teammitglieder haben eine Informationspflicht und Multiplikatorfunktion innerhalb ihrer Abteilung. Sie verpflichten sich zur zuverlässigen Teilnahme und Mitarbeit und stellen bei Abwesenheit einen Vertreter
- hat folgende Aufgaben: Entwicklung von Unternehmensgrundsätzen, CI-Konzeptionen, Ableitung von entsprechenden Richtlinien und Zielen für die einzelnen Arbeitsplätze und sorgt für entsprechende Schulung, Umsetzung und Controlling
- wird am Anfang durch eine kontinuierliche und längerfristige CI-Beratung und -Schulung unterstützt, um Probleme, Widerstände und Konflikte zu lösen, auszutragen und daraus gemeinsam zu lernen und Erfahrungen festzuhalten (Regeln, Richtlinien).

Der Aufbau eines CI-Teams kann auch in Phasen geschehen, um den CI-Prozeß besser vorzubereiten und erste Erfahrungen zu sammeln. Dadurch wird die Bewußtseinsbildung aller Beteiligten verstärkt und eine größere Tragfähigkeit und Basis für den CI-Prozeß geschaffen, was letztlich die Identitätsbildung verbessert.

Vorphase: Anlässe aufnehmen, persönliche Vorbereitungen treffen, Vorgespräche führen, Partner suchen, Vertrauen schaffen, sich identifizieren, mögliche Widerstände/Probleme besprechen, CI-Beratung/Workshop durchführen, Vorbereitungsgruppe bilden.

1. *Phase:* Analysen (Ist/Sollanalysen) durchführen, Unternehmensgrundsätze überlegen, Ziele/Visionen beschreiben, mögliche Maßnahmen/Projekte planen, Maßnahmenkonzepte entwickeln, CI-Teamzusammensetzung vorbereiten, durch Controlling erste Ergebnisse schaffen.
2. *Phase:* Gesamtorganisation ansprechen und informieren, Entscheidungen über CI-Prozesse und -Elemente herbeiführen.
3. *Phase:* CI-Team etablieren, Unternehmensgrundsätze und -leitbilder erarbeiten, Ziele, Regeln und Grundsätze ableiten, Strategien und Konzepte entwickeln, Projektmanagement umsetzen, Führungskräfteschulungen durchführen, Teams entwickeln, CI-Maßnahmen realisieren, Personalentwicklung fördern, CI nach innen und außen tragen, CI-Konzepte kontrollieren und fortentwickeln.

Die AMC-Regel

Der CI-Prozeß beginnt mit wichtigen Initiativen und Vorbildern aus der Leitungsebene, die die CI-Idee und den Veränderungswunsch in die Organisation hineinträgt (top-down-process). CI muß glaubwürdig von den Führungskräften mitgetragen werden, darf aber auch nicht an Einzelpersonen hängenbleiben. Deshalb ist es in der Vorphase wichtig, eine Vorbereitungs-Gruppe zu schaffen, die die Multiplikation und den Anschub viel besser beginnen und erfolgreicher durchführen kann (bottom-up-process).

Der eigentliche Planungsprozeß (vgl. Abbildung 16) beginnt mit einer Bestandsaufnahme (Ist-Analyse), die die bisherige Entwicklung der Organisation bewußt macht und nach Stärken und Schwächen analysiert (ohne Schuldzuweisung). Diese Ist-Analyse umfaßt die Bereiche Organisationsentwicklung, Personal- und Designentwicklung, also das gesamte Verhalten, die Kommunikation und das Erscheinungsbild sowie das eigentliche Produkt. Diese Ist-Situation muß dann der angestrebten Soll-Situation gegenübergestellt werden.

Die AMC-Regel ist eine in der Praxis bewährte grundlegende Vorgehens- und Arbeitsweise, ein allgemeiner Leitfaden, eine Denkweise, um CI erleb- und umsetzbar zu machen. Dieses strategische und

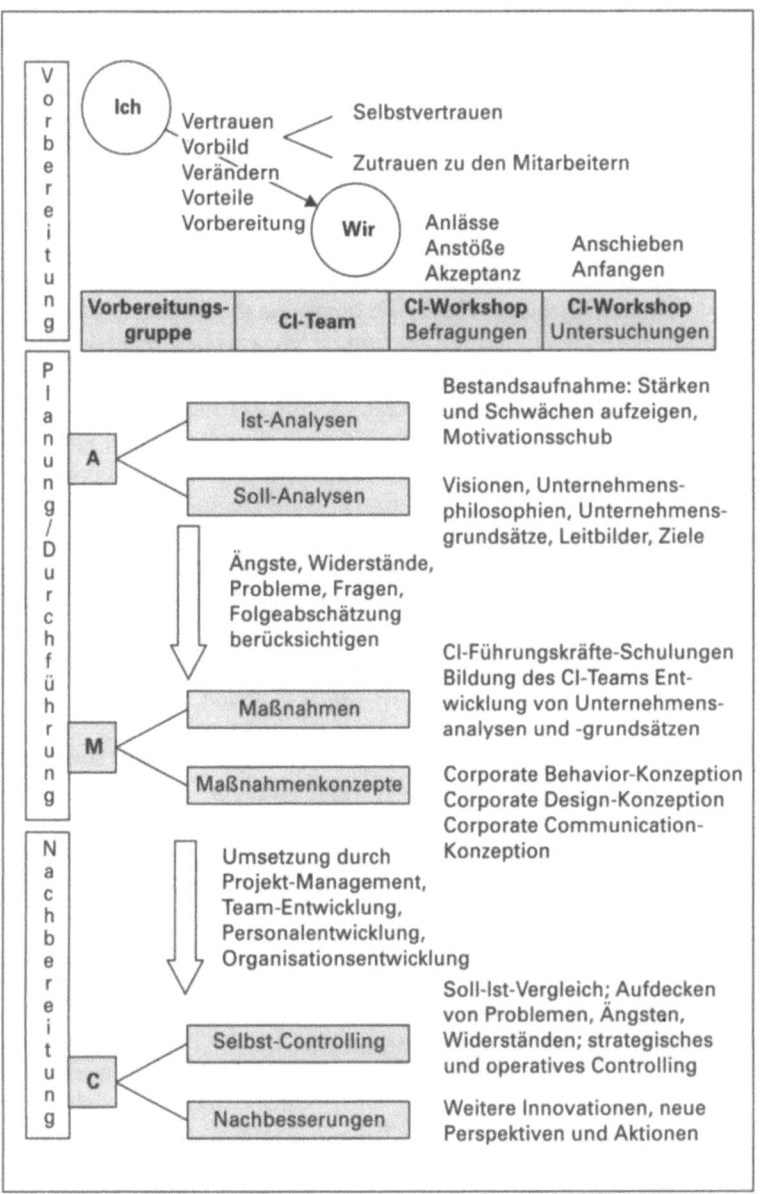

Abbildung 16: Die AMC-Regel

Vorgehensweise zum Aufbau eines CI-Konzepts

konzeptionelle Vorgehen ist auch zum Teil aus anderen Bereichen bekannt und wird in einzelnen Projekten eingesetzt, kann also an Bekanntem anknüpfen, um Unbekanntes (CI) konkreter gestalten zu können. CI als nicht direkt faßbare Größe muß ganz praktisch und verständlich werden, damit sie gelebt und gestaltet werden kann. Die AMC-Regel ist dafür die grundlegende Denkweise.

Die sich zwischen Ist- und Soll-Situation ergebende Lücke hat einen starken Aufforderungscharakter und sorgt so für einen Motivationsschub für alle Beteiligten. Durch die direkt auf die Stärken (ausbauen), Schwächen (abbauen), Grundsätze und Ziele ausgerichteten Maßnahmen heben sich die Einzelwirkungen der Strategien nach innen und außen nicht auf oder behindern sich. Sie sind aufeinander abgestimmt und verstärken sich synergetisch. CI setzt also Schwerpunkte, verstärkt die Wirkungen, vermeidet einen reinen Aktionismus und arbeitet strategisch und konzeptionell. Sinnlose, ineffektive und isolierte Arbeiten werden somit weitgehend ausgeschlossen. CI entsteht in einem bewußten Selbstgestaltungsprozeß aller Beteiligten. Durch ein abteilungs- und positionsübergreifendes CI-Team werden die Betroffenen beteiligt und eine zentrale Steuerungs-, Koordinierungs- und Mulitplikationsstelle geschaffen, die den gesamten CI-Prozeß anschiebt, unterstützt und verantwortlich begleitet.

Das CI-Team geht entsprechend der individuellen Ausgangssituation vor. Es entwickelt nach der AMC-Regel entweder problem-, anlaß- oder ergebnisorientiert (induktiv) oder aber auch präventiv, theoretisch-orientiert (deduktiv) den Ganzheitlichen Identitätsprozeß. Dieser versteht sich als Entwicklungsprozeß, der in Phasen aufgebaut ist. Es soll ein Prozeß der permanenten Veränderung im Sinne eines Lernprozesses sein.

Der Vergleich der Ist- und Sollzustände und des Selbst- und Fremdbildes besitzt einen hohen Aufforderungscharakter und schafft eine gute Motivation zur effektiven Veränderung. Das Ideal einer möglichst großen Übereinstimmung von Selbst- und Fremdbild und Arbeitsweisen (vgl. Abbildung 17) kann damit sinn- und identitätsbildend im Prozeß gemeinsam erarbeitet werden. „Visionen brauchen Fahrpläne!" (Ernst Bloch), und die werden konkret durch CI-Maßnahmen geschaffen.

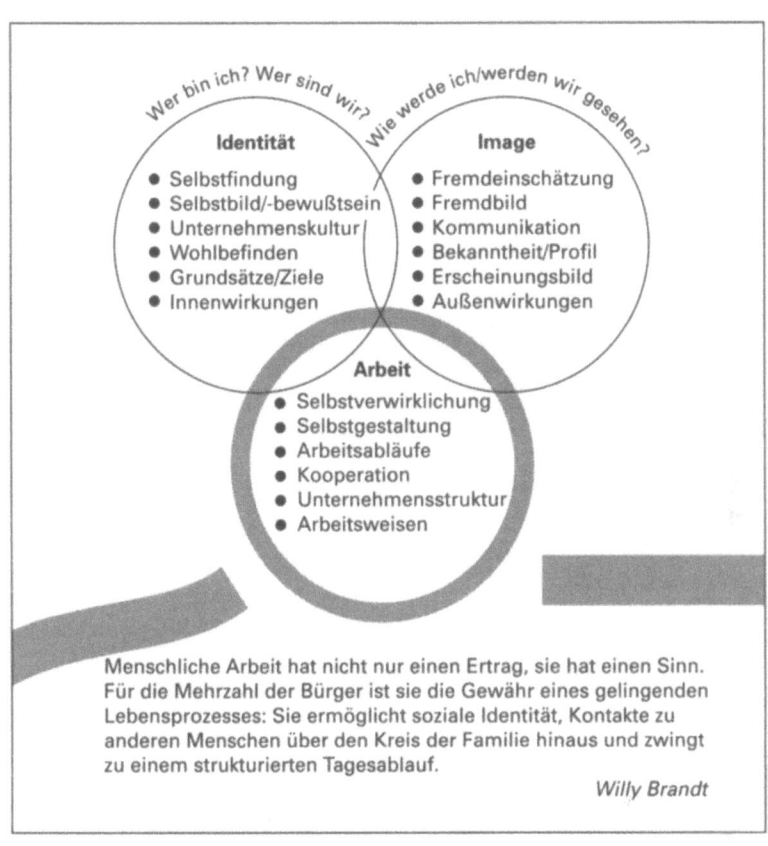

Abbildung 17: CI als möglichst große Übereinstimmung von Selbstbild, Fremdbild und Arbeitsweisen

Ist-Soll-Analyse

Um die Stärken und Schwächen des jeweiligen Unternehmens feststellen zu können, kann ein Strukturmodell zur Ist-Analyse verwendet werden. (Spinnen-Analyse: Abbildung 18. Vergleichen Sie bitte auch Ihre Selbsteinschätzung in der Spinnenanalyse aus Kapitel 1!) Die Bewertung (Benotung der einzelnen Komponenten mit den Noten 1 bis 6) kann entweder durch die Einschätzung der Mitarbeiter und Führungskräfte (als Selbstbild) erfolgen oder durch die direkte Ziel-

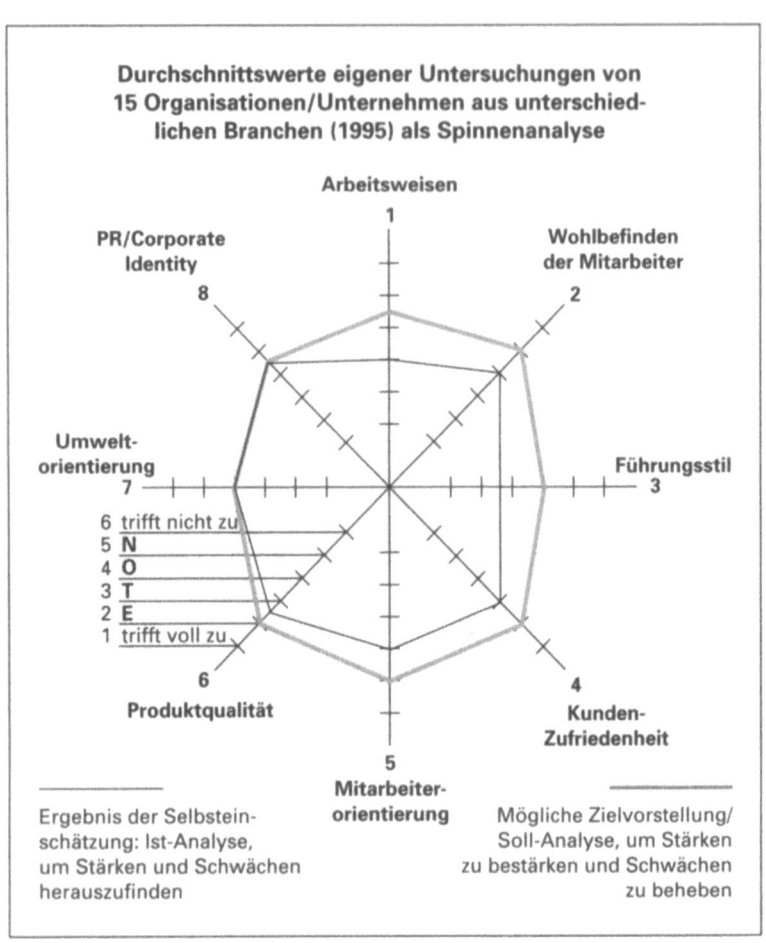

Abbildung 18: Identitäts- und Image-Analyse von Organisationen und Unternehmen

gruppenbefragung der Kunden und Kooperationspartner (als Fremdbild). Interessant dürfte sein, wie sich die einzelnen Spinnen voneinander unterscheiden (Führungskräfte-Spinne, Mitarbeiter-Spinne, Kunden-Spinne usw.). Die auf der Abbildung angeführten Kriterien sind beispielhaft. Eigene Kriterien sollten gemeinsam aus der spezifischen Unternehmenskultur heraus entwickelt und positiv formuliert werden. Das Errechnen von Durchschnittswerten (zum Beispiel 3,8) ermöglicht genaue Vergleiche. Dem sollten klare Zielbestimmungen gegenüber gestellt werden (zum Beispiel +1,5 besser werden), so daß ein Selbst-Controlling stattfinden kann (zum Beispiel gleiche Analyse nach einem Jahr). Als Beispiel: Wir wollen die Kundenzufriedenheit im nächsten Jahr um mindestens 1,5 Punkte verbessern. Anregung: Für Ihre individuelle Spinnen-Analyse legen Sie eine Blanko-Folie zum Ausfüllen auf die Abbildung auf.

Kraftfeld-Analyse

Der Prozeß nach der AMC-Regel verdeutlicht die weitere Vorgehensweise. Nach der Ist- und Soll-Analyse, also nach der Planung, kommt der Übergang zur praktischen Umsetzung und der ist für viele besonders schwierig. Nicht nur, daß Ängste und Widerstände entstehen, wenn etwas verändert werden soll, sondern es fehlt auch häufig an der Sicherheit, ob die ausgewählten und gewünschten Maßnahmen die richtigen sind. In dieser Phase (von der Theorie zur Praxis, von A zu M) ist die Kraftfeld-Analyse (vgl. Abbildung 19) eine sehr sensible Möglichkeit, im CI-Team (der Planungsgruppe), aber auch allein, eine Maßnahmenkonzeption beziehungsweise eine konkrete Strategie zu entwickeln. Vorteile dabei sind:

1. Angeleiteter Übergang zur praktischen Umsetzung (ganzheitliche Vorgehensweise)
2. Berücksichtigung der möglichen Widerstände, Konflikte oder Probleme (Problemorientierung)
3. Schaffung von Verstärkern und Multiplikatoren (Synergieeffekte schaffen)
4. Abgestimmte Vorgehensweise (effiziente Vorgehensweise, Output-Orientierung, Projekt-Management-Einsatz)
5. Abgesicherte Aktionen (Erfolgsorientierung)

Das Finden der Maßnahmen, Widerstände und Verstärker gelingt sehr gut als schriftliches Brainstorming mit der Metaplan-Methode beziehungsweise Karten-Abfrag-Methode. Dabei sollten die einzelnen Maßnahmen nicht zu sehr ausdiskutiert, sondern eher in eine Reihen-

Die Kraftfeld-Analyse
(zur Verstärkung der Handlungen und Wirkungen)

Ziel: Welche Zielsetzung ist Ihnen wichtig?
Formulieren Sie ein (strategisches/operationales) konkretes Ziel:
z. B. Wir wollen in diesem Jahr unseren Umsatz um 30 % erhöhen!

1. Mit welchen Maßnahmen können Sie das Ziel erreichen? (Brainstorming/Metaplan-Methode) Die drei wichtigsten Maßnahmen sind: (Reihenfolge durch Bewertung)	2. Mit welchen Widerständen und Konflikten/Problemen müssen wir rechnen? (Folgen-Abschätzung) Die drei wichtigsten Probleme sind: (Reihenfolge durch Bewertung)
1. _____ 2. _____ 3. _____	1. _____ 2. _____ 3. _____
3. Welche Verstärker und Multiplikatoren gibt es? (Verstärkende Bedingungen, Methoden, Maßnahmen, Personen, Organisationen usw./Synergie-Effekte) Die drei wichtigsten Verstärker sind: (Reihenfolge durch Bewertung)	4. Mit welchen Lösungsansätzen können Sie die möglichen Probleme angehen? (Mögliche Probleme aufnehmen) Die drei wichtigsten Lösungsmaßnahmen sind: (Reihenfolge durch Bewertung)
1. _____ 2. _____ 3. _____	1. _____ 2. _____ 3. _____

Maßnahmen-Konzeption = Aktions-Plan = Strategie	
Aus dem 3. und 4. Schritt Maßnahmen konkret zu einem Ablaufplan/Konzept zusammenstellen: 1. _____ 2. _____ 3. _____ 4. _____ 5. _____	▪ als erstes eine leichte und erfolgversprechende Maßnahme (Lerneffekt) ▪ Maßnahmen zeitlich und inhaltlich aufeinander aufbauen ▪ Maßnahmen durch Projekt-Management effektiv durchführen ▪ Controlling/Nachbesserung

Abbildung 19: Die Kraftfeld-Analyse

folge gebracht werden (Punktbewertung: Jeder Teilnehmer setzt einen Punkt; wenn Sie allein daran arbeiten, Reihenfolge bestimmen). Beschränken Sie sich im weiteren Vorgehen von Schritt 1 bis 4 immer auf die ersten drei Aktionen, damit Sie sich nicht verzetteln (Weniger ist oft mehr).

Die nicht gewählten Aktionen sollte man nicht weglegen, man kann sich später darauf beziehen. Aktionen, die in allen vier Schritten immer wieder auftauchen, werden dadurch bestätigt, andere Aktionen ergänzt oder verändert. Neue Aktionen werden erst durch diese Strategieentwicklung gefunden. Zum Abschluß sofort Zuständigkeiten, Zeiten sowie Arbeitsmittel und Methoden dazuordnen und somit direkt in das Projektmanagement und in das Controlling übergehen. Das effektive Vorgehen beginnt mit der konkreten Zielformulierung.

Das Ziel sollte keine vage Vision sein (zum Beispiel ich möchte ein gesunder Mensch sein) und auch nicht zu theoretisch. Leiten Sie doch Ziele unterschiedlicher Ordnung von Ihrer Vision ab: Wenn ich ein gesunder Mensch sein will, dann will ich Sport treiben, gesund essen und streßfrei arbeiten. Dies sind drei allgemeine Ziele, die immer noch zu unkonkret sind: Wenn ich Sport treiben will, dann mache ich das mindestens zehn Minuten jeden Tag! (Ziel dritter Ordnung, Minimalziel, damit ich nicht zu viel verlange und dann doch nicht tue.) Das Ziel kann also jeden Tag mit irgendeiner Sportart direkt erfüllt werden, auch wenn ich wenig Zeit und Lust habe. Ich kann beispielsweise mindestens zehn Minuten spazierengehen, aber auch den ganzen Tag Ski laufen oder wandern. Die konkrete Zielformulierung kann am besten aus der Ist-Analyse direkt abgeleitet und formuliert werden. Diese Ziele sind dann später auch als Selbst-Controlling leicht zu überprüfen (Soll-Ist-Vergleich): Habe ich meine Ziele erreicht?

Widerstände gegen den CI-Prozeß werden mit der Kraftfeldanalyse ganzheitlich aufgenommen (wenn es keine Killerphrasen sind), um daraus zu lernen und möglichst viele an dieser wichtigen Diskussion und am CI-Prozeß zu beteiligen.

Widerstände gegen CI

Innerhalb eines CI-Prozesses kommt es häufig zu Widerständen. Diese sollten als verständliche Ängste vor den anstehenden Veränderungen aber auch als Möglichkeit zur intensiven Reflexion der Maßnahmen gewertet werden. Die manchmal heftigen Widerstände gegen CI müssen im einzelnen ernst genommen werden. Mögliche Reaktionen zeigen die folgenden Beispiele.

Bei persönlichen Ängsten muß deutlich gemacht werden, daß die jeweilige Person Beteiligter ist, und bestimmt, mindestens aber *mit*bestimmt, was geschieht. Besonders groß sind die Ängste vor Kompetenz- und Machtverlust. CI nimmt aber weder Macht noch Kompetenz, sondern hilft, Kompetenzen für wirklich Wesentliches einzusetzen und Macht durch verbessertes Ansehen und Glaubwürdigkeit einer Person zu stärken.

Beunruhigend wird auch die Angst vor dem Neuen, vor zusätzlicher Arbeit und Zeitaufwand empfunden. Wer aber aufhört, besser zu werden, hat aufgehört, gut zu sein, und die Konzentration auf wesentliche Arbeitsaufgaben und der Abbau von Doppelarbeit bringt Zeitersparnis als Synergieeffekt.

Ablehnende Argumente lauten häufig auch: „Das machen wir sowieso schon." Hier kann auf bereits Vorhandenem aufgebaut werden. Oder: „Wir wollen keine Experimente", „Wir brauchen konkrete Erfolge", „Das bringt doch nichts" und „Das klingt in der Theorie gut, scheitert aber in der Praxis". Veränderungen in komplexen Systemen führen zu Ergebnissen, die niemals hundertprozentig vorhersagbar sind. Der Wettbewerbsdruck zwingt aber zur Innovation und damit zu Veränderungen. Dazu gehören Mut und Risikobereitschaft. Entsprechende Schulungen der Führungskräfte und Mitarbeiter und die Arbeit des CI-Teams sichern den Nutzen und das konkrete Umsetzen der neuen Ideen in die Praxis. Wichtig beim CI-Prozeß ist auch, daß die Lösungen nicht wie häufig befürchtet, die des Beraters sind, sondern von innen entwickelt wurden und den Berater, der den Prozeß initiiert hat, schließlich überflüssig machen.

Beispiele für den induktiven Aufbau zeigen, wie sensibel man problem- und projektorientiert anfangen kann, um eine Akzeptanz zu schaffen. Dadurch, daß man vorhandene Projekte, Anlässe und Maßnahmen aufnimmt (vgl. Abbildung 20), eine Bewußtseinsbildung fördert und wesentliche Ergebnisse und CI-Elemente herausstellt (*Wie* werden Konflikte gelöst? *Was* ist uns dabei wichtig? Nach *welchen* Regeln wird entschieden?), kann eine Prozeßbegleitung die eigentlichen Visionen, Ziele und Werte verdeutlichen. Ziel dieser induktiven Vorgehensweise (als Alternative zur deduktiven AMC-Regel Abbildung 16) ist die Hinführung auf die Notwendigkeit und den direkten Nutzen für einen CI-Prozeß. Das dann zu bildende CI-Team kontrol-

	Induktive Einführung von Corporate Identity	in 10 Schritten
A	nlässe aufnehmen	Notwendigkeiten, gewünschte Maßnahmen, Krisen, Probleme, regelmäßige Anlässe
A	nleiten	Führen, Formen, Wirken, Unterstützen, Anschieben, Ist-Soll-Analysen
A	kzeptanz schaffen	Gespräche führen, Nutzen aufzeigen, Interessen berücksichtigen, Beteiligen, Motivation
B	eginnen mit Projekten	Einfache Lernbeispiele, Erfahrungen sammeln, Pilot-Projekte, Ausprobieren
B	ewußtsein bilden	Hintergründe und Denkstrukturen aufzeigen, Grundsätze und Ziele ansprechen
B	egleiten und Beraten	Vorbild sein, Beraten, Prozesse unterstützen und fördern, Vorbereitungsgruppe
C	ontrolling als Lernprozeß	Soll-/Ist-Vergleich, Stärken und Schwächen aufzeigen, Fehler als Lernen, Nachbessern
C	ommunication	Darüber reden, Erfahrungen darstellen, Vor- und Nachteile aufzeigen, Perspektiven
C	orporate Identity einführen	Einzelprojekte weiterentwickeln durch ganzheitliche Theorie, Informationen
	CI-Team bilden	Steuer- und Moderationsgruppe schaffen, Multiplikatoren, Motivation
	CI als Verbindung zu anderen Projekten und als Übertragung in andere Bereiche (Multiplikations- und Synergie-Effekt) und als Entwicklung einer ganzheitlichen Denkweise (Leitbilder, Sinninhalte, Grundsätze, Ziele) schafft einen Ganzheitlichen Identitätsprozeß (GIP) und ein profiliertes Image.	

Abbildung 20: 3er ABC zur CI

liert, steuert und verbindet ja später auch die einzelnen Maßnahmen und macht daraus einen Prozeß der lernenden Organisation. Durch die induktive Vorgehensweise bekommt man schon vorher exemplarische Erfahrungen und weiß, wie CI-Prozesse später ablaufen könnten. Dabei besteht die Möglichkeit, vorher schon einzelne Analysemethoden auszuprobieren und einige Konzeptentwicklungen einzusetzen. Dieser handlungsorientierte Ansatz der CI-Prozeßentwicklung (nach Checklisten wie in Abbildung 21) hilft, die Entscheidung für CI durch eine gemeinsame Erprobung zu erleichtern und vermindert die Risikofrage, Ängste und die Abwehrhaltungen. Die Widerstände gegen CI und auch ungeklärte Fragen werden in den CI-Prozeß ganzheitlich eingebunden und durch vorsichtige Erprobungen überwunden. Viele Unternehmen testen CI durch diese Vorgehensweisen in Form von Projektbegleitung, Schulung und CI-Workshop, bevor sie längerfristige und grundlegende Entscheidungen für CI fällen. Insofern ein bewährter CI-Einstieg!

Selbstsuche	Erklärungen	Praktische Umsetzung
Anstoß	■ In den Bewußtseins-Horizont bringen	
Akzeptanz	■ Sensibilität und offene Bereitschaft zur Veränderung und Beratung schaffen, Aufnehmen der möglichen Widerstände, Probleme und Konflikte	
Motivation	■ Anschub mit Leitgedanken	
Selbstbestimmung		
Information	■ Vorgespräche und Beratungen zur gemeinsamen Entwicklung der Vorgehensweise	
Entscheidung	■ Entscheidung über erste Maßnahmen zum Aufbau und zur Entwicklung von Corporate Identity (schritt-/probe-/phasenweise)	
Schulung	■ Heterogene Führungskräfte-Schulungen als Basis für eine ganzheitliche CI, CI-Beratung	
Selbstgestaltung		
Grundlage	■ Gemeinsame Analysen und Entwicklungen von Organisationsgrundsätzen, Zielen und Konzeptionen in den Schulungen und im CI-Team	
Steuerung	■ Heterogenes CI-Team einrichten zur Steuerung, Koordinierung und Konzeptionierung in Zusammenarbeit mit der Organisationsleitung	
Selbstmanagement		
Veränderung	■ Vorbildliches und vertrauensvolles Umsetzen und Leben der CI-Maßnahmen	
Selbstcontrolling		
Controlling	■ Ist-Soll-Vergleich zur Überprüfung der Wirksamkeit der CI-Maßnahmen, Überprüfung der CI-Grundlagen und entsprechende Nachbesserung und Veränderung	

Abbildung 21: Zehn Schritte zur ganzheitlichen CI

6 Entwicklung von Unternehmensgrundsätzen und Leitbildern

Nach der Ist-Analyse des Unternehmens/der Organisation (als Sichtbarmachung des Ausgangzustandes), die die Stärken und Schwächen der Organisation aufzeigt, müssen die Zielsetzungen erarbeitet werden. Diese Soll-Analyse gibt dem Unternehmen die notwendige Orientierung für alle Einzelmaßnahmen und -projekte, damit sie in ihren Wirkungen besser aufeinander abgestimmt werden können: „Wer sich keine Ziele setzt, der verläuft sich!" (nach Abraham Lincoln).

Durch die Unternehmensphilosophie werden die grundlegenden Wertvorstellungen, die sich durch die gelebte Unternehmenskultur entwickelt haben, als eine Art Verfassung für diese Organisation formuliert. Das gesamte Verhalten, die Kommunikation und das Design (Erscheinungsbild) nach innen und außen wird auf diese Basis hin abgestimmt, um eine ganzheitliche Wirkung und damit entsprechende Verbesserungen, Leistungssteigerungen und Identifikation zu erreichen. Erst dadurch werden Synergieeffekte freigesetzt, die den Erfolg einer Corporate Identity begründen.

Durch die konzeptionelle Ausrichtung wird die Unternehmung für die Mitarbeiter, Kunden und Kooperationspartner profilierter und verbessert dadurch die Identitäts- und Imagebildung.

Bei der Entwicklung der Unternehmensphilosophie gilt es, die wesentlichen Orientierungen aus der Unternehmenskultur sichtbar und formulierbar zu machen und mit den gewünschten Soll-Werten der Unternehmung zu verbinden. Durch die Beteiligung der Führungskräfte (CI-orientierte Führungskräfteschulung), der Geschäftsleitung und durch Corporate-Identity-Berater von außen kommt es zu einem Entwicklungsprozeß, der eine breite Basis und eine hohe Identifikation mit dem Unternehmen schafft.

Die Beteiligung unterschiedlicher Mitarbeiter führt zu einem Wir-Gefühl, zu einer Selbstmotivation der Mitarbeiter und gleichzeitig auch zu einer Transparenz und Schulung der Unternehmensgrundsätze.

Der Weg dieser Entwicklung der Unternehmensphilosophie ist ein Teil des Führungsstils und somit direkt gelebte Unternehmenskultur. Im Gegensatz dazu steht das isolierte Vorgehen, daß ein Unternehmensberater im Auftrag des Geschäftsführers Unternehmensgrundsätze allein formuliert, und diese dann, möglichst ohne die Mitarbeiter zu informieren, per Werbung nach außen darstellt:

Eine so verstandene Corporate Identity bringt keine positiven Wirkungen!

Unternehmenskultur als Grundlage des Unternehmens

Alle Organisationen und Unternehmen sind nicht nur formelle Arbeitsorganisationen, sondern gleichzeitig immer auch informelle, soziale Organisationen. Diese Sozialsysteme bestimmen wesentlich die Wirkung und damit die Qualität der Organisation nach innen und außen. Jede Organisation und jedes Unternehmen hat eine spezifische Kultur ausgebildet und nach drei bis fünf Jahren auch fest etabliert.

Diese Unternehmenskultur setzt sich zusammen aus allen Verhaltens- und Arbeitsweisen, aus der Art, wie miteinander umgegangen, gearbeitet und kommuniziert wird, aus den Arbeitsbedingungen und aus dem spezifischen Betriebsklima, der Arbeitszufriedenheit und dem Wohlbefinden der dort arbeitenden Menschen und nicht zuletzt aus dem Führungsstil, der in dieser Organisation gepflegt wird. Diese Eigenschaften, Zustände und Verhaltensweisen gehen zurück auf die Entwicklung der Organisation, die Tradition, das Wertesystem und die Normen und Sitten der Organisation, die sich selbst unabdingbar entwickelt haben.

Diese unausgesprochenen Regeln, Überzeugungen und Besonderheiten in der Organisation, die das Typische und Spezifische herausstellen, machen den Stil, den Charakter, die Persönlichkeit, das Profil und die Identität der Organisation aus. Diese Unternehmenskultur (vgl. Abbildung 22) setzt sich zusammen aus allen identitäts- und imagebildenden Maßnahmen und Elementen einer Organisation und ist die Basis für alles Handeln in der Organisation. Sie sollte nicht zufällig und unbewußt alles steuern. Durch Analysen kann diese gewachsene aber unbewußte Unternehmenskultur deutlich gemacht werden (vgl. dazu die entsprechenden Analysetechniken), um sie sich bewußt zu machen, formulieren und bewußt und zielgerichtet gestalten zu können.

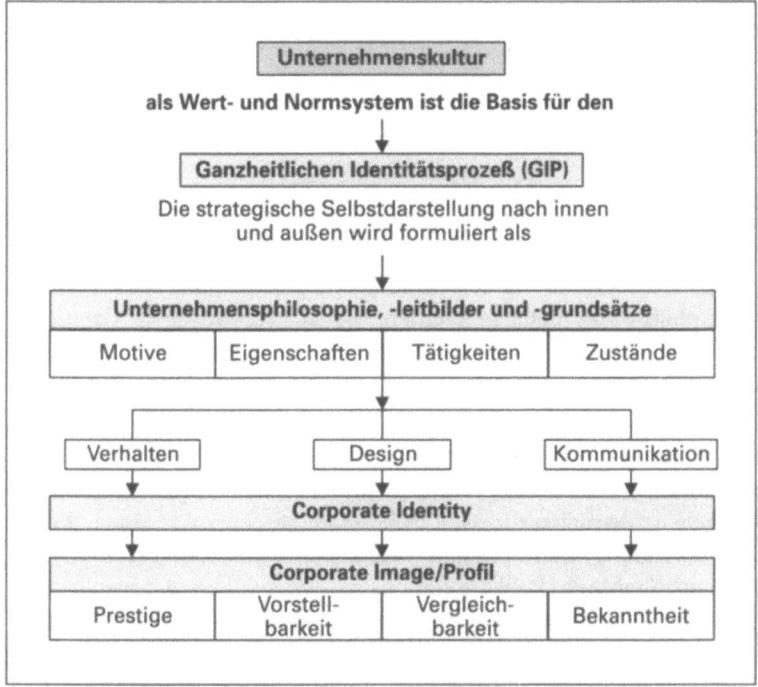

Abbildung 22: Entwicklung der Unternehmenskultur

Diese Formulierungen über die Regeln und Zielsetzungen werden in den Unternehmensgrundsätzen oder in der Unternehmensphilosophie zusammengefaßt und damit direkte Bezugsbasis für alle aufeinander abgestimmten Einzelaktivitäten in dieser Organisation.

Durch den Vergleich der Ist- und Soll-Analyse entstehen Motivationen, sich mit den Stärken der Unternehmenskultur zu identifizieren und die Schwächen als Anlaß/Anregung zu nehmen, um die Identität der Organisation noch weiter zu verbessern, indem eine einheitliche Wert- und Normbasis für die Corporate Identity der Organisation als strategische Selbstdarstellung nach innen und außen durch eine Unternehmensphilosophie formuliert wird. Die Unternehmensgrundsätze, die in der Unternehmensphilosophie festgehalten sind, sind die herausgefilterten Regeln der Unternehmensführung und somit der formulierte Teil der Unternehmenskultur (im Gegensatz zu dem gelebten Teil). Die Unternehmensphilosophie umfaßt also die bisherigen Elemente und Regeln der Unternehmenskultur (wie sie bislang gelebt wurden) und auch die von der Unternehmensführung gewünschten und angestrebten Ziele für das Gesamterscheinungsbild des Unternehmens.

Um die Mitarbeiter/Mitarbeiterinnen zu motivieren (auch Identifizierungmöglichkeiten zu geben) und sie dahin zu bringen, daß sie diese Kultur aufnehmen und vertreten, die Unternehmensgrundsätze selbst leben, sollten sie an der Erarbeitung und Entwicklung der Unternehmensphilosophie beteiligt werden. Sie ist die wichtigste Grundlage des Unternehmens und prägt ihr spezifisches Profil, ihr Erscheinungsbild, ihre Identität. Die Unternehmensphilosophie (als Selbstdarstellung) ist das Grundgesetz, die Verfassung des Unternehmens.

Die Formulierung einer gut durchdachten Unternehmensphilosophie ist das erste Zwischenziel für den Aufbau eines konsequenten ganzheitlichen Identitätsprozesses. Alle Maßnahmen nach innen (Personalentwicklung, Betriebsklima) und außen (Werbung, Verkaufsförderungsmaßnahmen, Public Relations als Imagebildung) bauen auf die Unternehmensphilosophie auf, orientieren sich an ihr und/oder brauchen sie direkt (gesamt, auszugsweise), so daß alle kommunikationswirksamen Handlungen unter ein gemeinsames strategisches Dach gestellt werden und sonst überhaupt erst eine Identität und ein Image aufbauen können. Für ein einheitliches und solides Image sollten folgende Merkmale angesprochen werden:

1. Motive (Richtung, Sinn, Verantwortung, Ziele)
2. Eigenschaften (Erscheinungswesen, Einheitlichkeit, Qualitätsorientierung)

3. Tätigkeiten (Denken, Gestalten, Kommunizieren, Produzieren)

4. Zustände (Grenzen, Bewußtsein, Identität, Image, Partner, Symbole)

Die Verantwortung für die Formulierung der Grundsätze ist Sache der Unternehmensleitung. Die Mitarbeiter/Mitarbeiterinnen müssen aber bei der Erarbeitung integriert werden, um im Unternehmen einen Konsens und eine Zusammenarbeit aufzubauen. Diese Grundsätze, die durch die Unternehmensphilosophie formuliert werden, müssen zunächst nach innen vermittelt werden und dann erst nach außen. Möglichst alle Beteiligten sollten diese Richtlinien mit vertreten und durchsetzen, nur so ist das Ziel einer CI-Konzeption zu erreichen: Alle Mitarbeiter werden zu Botschaftern der Unternehmenskultur. Dadurch werden alle Aktivitäten eines Unternehmens auf einheitliche Zielsetzungen hin ausgerichtet.

Wie kann man in seiner Branche Erfolg mit seinem Unternehmen erzielen und sein Image verbessern? Grundlage dafür sind Markenprodukte und Qualitätsarbeit. Aber selbst wenn sich die Produkte immer mehr gleichen und der Wettbewerb nur noch über den Preis stattfindet, lassen sich Wettbewerbsvorteile schaffen. Auf der Suche nach Möglichkeiten, den Erfolg eines Unternehmens langfristig zu sichern, wird immer mehr auf das Konzept der Unternehmenskultur zurückgegriffen. Grundlage dafür sind kulturelle Elemente des Unternehmens, die wiederum die Basis für die Unternehmensidentität bilden.

Die dadurch einheitliche Gesamtwirkung des Unternehmens (*Corporate Identity*) verbessert:

▶ die Identifikation der Mitarbeiter mit ihrem Unternehmen, ihre Motivation und ihr Arbeitsverhalten,

▶ die Kommunikation des Unternehmens mit seinen Kunden verstärkt die Wirkung der Öffentlichkeitsarbeit,

▶ das allgemeine Erscheinungsbild des Unternehmens und das Image in der Öffentlichkeit, was die anderen Wirkungen noch verstärkt,

durch diese Unternehmensführung den Erfolg des Unternehmens: *Profit durch Profil!*

Die Unternehmenskultur darf sich nicht aus Allgemeinplätzen und Worthülsen zusammensetzen, weil sie sonst ohne Erfolg bleibt. Nur wenn die grundsätzlichen Sinn- und Werteaussagen durch Konzepte konkretisiert und das Verhalten in der Praxis umgesetzt und gelebt werden können, ist es eine gute Unternehmenskultur. Erst das ganzheitliche Verbinden aller drei im folgenden genannten Ebenen bringt den gewünschten Erfolg für das Unternehmen.

Metaebene
- Visionen
- Zustände (Wir denken, legen Wert auf …)
- Tätigkeiten (Wir arbeiten …)
- Eigenschaften (Wir sind …)
- Motive (Wir wollen …)

Unternehmensphilosophie/-grundsätze

Theorieebene
- Unternehmensziele/-strategien
- Führungsstil
- Unternehmenskonzepte
- Personalentwicklung

Unternehmensführung

Praxisebene
- Unternehmensentwicklung
- Organisationsstrukturen/Produktionsstrukturen
- Architektur (Innen-/Außen-)
- Wort-Bild-Zeichen/Logos
- Betriebsfeste, Projekte
- Mitarbeiterverhalten, PR

Unternehmensverhalten

Das Hauptziel der Corporate Identity, Profilierung durch Aufbau einer Identität und eines Images, kann wie folgt aufgebaut werden:

1. Die Analyse der Unternehmenskultur und
2. die strategische Selbstdarstellung der Unternehmung werden
3. in den Unternehmensgrundsätzen festgehalten als Basis
4. für das Verhalten, das Design und die Kommunikation nach innen und außen.

Thesen zur Unternehmenskultur

In einer Untersuchung von 288 Unternehmen analysierte das Institut der deutschen Wirtschaft (IW) 1990 Funktion und Wirkung von Unternehmenskultur nach innen und außen. Sie machte deutlich, daß die Zielsetzung der Unternehmenskultur der motivierte und leistungsbewußte Mitarbeiter und eine Profilierung des Unternehmens als Wettbewerbsvorteil war. Die folgenden sieben Thesen (aus: Hüchtermann, Leuske: Wettbewerbsfaktor Unternehmenskultur, Köln 1991, S. 4 f.) fassen die Ergebnisse zusammen.

1. Unternehmenskultur ist das Zusammenspiel von Normen, Werten, Arbeits- und Handlungsleitlinien, aus dem wichtige Impulse für die Entwicklung innerbetrieblicher Organisationsstrukturen erwachsen. Sie trägt dazu bei, Konsens zu schaffen zwischen den Notwendigkeiten wirtschaftlichen Handelns und den Bedürfnissen, Interessen und Erwartungen von Mitarbeitern.

2. Eine der wichtigsten Funktionen von Unternehmenskultur besteht in der Entwicklung und Ausgestaltung von effektiven Kommunikationsstrukturen, Personalentwicklungs- und Motivationskonzepten, um das Engagement, die Selbständigkeit und Selbstverantwortlichkeit etc. (sogenannte Schlüsselqualifikationen) von Mitarbeitern zu fördern. Hierin und in der stärkeren Berücksichtigung von neuen Führungskonzepten, die demokratisch-kooperative Stile betonen, werden die zukünftigen Entwicklungslinien von Kulturkonzepten liegen.

3. Die aktive Auseinandersetzung mit Unternehmenskultur wird vornehmlich von dem Motiv getragen, Mitarbeitern Identifikationsmöglichkeiten mit dem Betrieb zu bieten und nachvollziehbare Handlungsleitsätze vorzugeben. Ebenso ist Unternehmenskultur ein Kommunikationsinstrument zur Identitätsbildung in der Öffentlichkeit und zur Reflexion der gesellschaftspolitischen Verantwortung des Unternehmens.

4. Unternehmenskultur ist instrumentell. Sie trägt dazu bei, auf technologische Entwicklungen, Änderungen am Markt und Veränderungen gesellschaftlicher Werte schneller reagieren und die Unternehmensstrategie darauf einstellen zu können. Dieses Innovationspotential von Unternehmenskultur wird auf lange Sicht ein wichtiger Wettbewerbsfaktor sein.

5. Die sich in vielen Bereichen aufgrund technologischer Entwicklungen abzeichnenden Veränderungen in der Arbeitsorganisation führen zu neuen Anforderungen an Mitarbeiter. Neue Qualifikationsprofile verlangen ein entsprechendes Umfeld, in dem sie gedeihen können. Unternehmenskultur reguliert diesen notwendigen Abstimmungsprozeß.

6. Der Mitarbeiter der Zukunft wird nicht mehr allein mit materiellen Gratifikationen zufriedenzustellen sein. Vielmehr werden von den zukünftigen Nachwuchskräften immaterielle Aspekte wie Führungsstile, Kommunikations- und Entscheidungsstrukturen, Kompetenzverteilungen, Hierarchien etc. zunehmend als Auswahlkriterien bei der Arbeitsplatzwahl zugrunde gelegt. Ein konsequent strukturiertes Kulturkonzept wird sich bei der Rekrutierung von qualifiziertem Nachwuchs als Wettbewerbsvorteil erweisen.

7. Unternehmenskultur muß, wenn sie effektiv sein soll, mehr als ein auf Papier gebrachtes Konzept sein. Die Inhalte von Unternehmenskultur müssen auf allen Hierarchieebenen akzeptiert und besonders von Führungskräften vorgelebt werden. Darüber hinaus kommt es darauf an, das Kulturkonzept dynamisch zu gestalten, indem seine Inhalte jederzeit überprüft und modifiziert werden können. Kontinuität und Wandel müssen auch hier in einem ausgewogenen Verhältnis stehen.

Einflußfaktoren und mögliche Schwerpunkte der Unternehmenskultur

Wir sind kundenorientiert, messen der Innovation und Kreativität einen hohen Stellenwert bei und erbringen unsere Leistung so, wie wir sie auch von unserem Partner erwarten. Wir sind uns bewußt, daß der Erfolg des Unternehmens vom Erfolg der Mitarbeiter abhängt und bemühen uns in unserer Arbeit um ein optimales Verhältnis von Kosten und Nutzen. Die Erfüllung dieser fünf Leitgedanken ist an bestimmte Voraussetzungen geknüpft. Die nachfolgende Liste ist nur als Denkanstoß gedacht und kann beliebig ergänzt werden:

1. **Kundenorientierung**
   - Verständnis für die Bedürfnisse des internen oder externen Kunden
   - Verständnis für das Geschehen, die Zusammenhänge und die Mechanismen des Marktes
   - Verständnis für das Geschehen, die Zusammenhänge und die Mechanismen im eigenen Unternehmen
   - Verantwortungsgefühl
   - Fähigkeit, seine Leistung verkaufen zu können
   - Richtiges Abwägen von Aktion und Reaktion
   - Hohe Qualität des Angebotes in Hardware, Software, Service und der Fähigkeit unserer Mitarbeiter
   - Bereitschaft, kundengerechte Leistungen und Lösungen zu erbringen
   - Fairneß und Ehrlichkeit als Voraussetzung zur Partnerschaft
   - Kontinuität der Beziehungen
   - Bereitschaft, auf Anliegen der Partner einzugehen

2. **Innovation/Kreativität**
   - Ideen eine Chance geben
   - Aus vorgegebenen Denkschemata ausbrechen und flexibel sein
   - Risikobereitschaft
   - Mut zur Veränderung und zum unkonventionellen Denken, Reden und Handeln

- Permanentes Infragestellen
- Intuition
- Aufgeschlossenheit gegenüber Neuem und Bereitschaft, fremde Ideen aufzunehmen und umzusetzen
- Eigen- und Gruppeninitiative zeigen und fördern
- Bereit und fähig sein, im Team zu arbeiten
- Freiräume für Kreativität schaffen
- Den Willen zur ständigen Verbesserung haben
- Mut zur Unvollkommenheit, zum Fehler, zur Lücke haben
- Neue Ideen zuerst auf Verwirklichungschancen prüfen statt auf Ablehnungsgründe
- Problemorientiert nicht bereichsorientiert denken

3. Leistungsorientierung
- Bekenntnis zur eigenen und zur Gruppenleistung
- Förderung der Leistungsbereitschaft der Mitarbeiter
- Inneres Engagement des Mitarbeiters
- Klare Ausrichtung auf Ziele
- Hohe Arbeitsqualität
- Anerkennung der Leistung durch Belohnung und Beförderung

4. Mitarbeitererfolg
- Integration des Mitarbeiters und Identifikation mit dem Unternehmen
- Offene Informations- und Kommunikationswege
- Förderung und Motivation des Mitarbeiters
- Arbeitsklima auf der Basis von Vertrauen, Partnerschaft und Fairneß
- Dem Mitarbeiter Möglichkeit zur Selbstverwirklichung geben
- Freiräume schaffen, Verantwortung und Kompetenz delegieren
- Gruppen- und Teamgeist fördern

5. Kosten-/Nutzen-Denken
- Wirtschaftlich und unternehmerisch denken und handeln
- Eigeninitiative für die Verbesserung der Wirtschaftlichkeit entwickeln
- Wirkungsvolles Zeit- und Ressourcen-Management

- Fähigkeit, Wichtiges von Unwichtigem zu unterscheiden
- Verantwortung für verursachte Kosten übernehmen
- Bedürfnisgerechte Organisationsformen aufbauen

Bei der bewußten Gestaltung der Unternehmenskultur durch die Formulierung der Unternehmensgrundsätze schaffen Sie ein profiliertes Selbstverständnis. Die Aussagen sind also als erstes nach innen gerichtet, für die Mitarbeiter, aber natürlich auch nach außen, für die Kunden, Kooperationspartner und für die allgemeine Öffentlichkeit. Die sehr unterschiedliche Präsentation verlangt also auch unterschiedliche Aussagen nach innen und außen. Versuchen Sie deshalb einfache, klare Thesen zu formulieren, die Sie in der weiteren Entwicklung des CI-Prozesses dann genauer ableiten und transformieren können. Schreiben Sie erst die Verfassung und entwickeln Sie dann die Ziele und die Konzepte!

Bei der Formulierung der Unternehmensphilosohie helfen folgende Leitfragen:

1. *Wer sind wir und was machen wir?* Welches Produkt beziehungsweise welche Dienstleistung bieten wir? Wo stehen wir? Selbstdarstellung des Unternehmens/der Organisation; Selbstverständnis, Entwicklung und Abgrenzung zu anderen (Marktposition).

2. *Was wollen wir? Welche sind unsere Ziele?* Motive (Grundwerte, Zielsetzungen, Visionen, Leitbilder).

3. *Wie sind wir?* Eigenschaften (Erscheinungsbild, Ganzheitlichkeit, Qualitätsorientierung, Kompetenz, Flexibilität, Offenheit, Vertrauen).

4. *Wie arbeiten wir?* Tätigkeiten (Denken, Gestalten, Verhalten, Kommunizieren, Produzieren ...).

5. Worauf legen wir Wert? *Wen/Was wollen wir ansprechen?* Was ist uns wichtig? Orientierungen (Grenzen, Bewußtsein, Identität, Image, Kunden, Partner, Mitarbeiter, Ethik, Verantwortung, Umwelt, Region ...).

6. *Welches Selbstbild haben wir und welches Fremdbild wollen wir haben?* Eine möglichst große Übereinstimmung von Selbstbild (Wirken) und Fremdbild (Akzeptanz) ist Corporate Identity.

Überprüfen Sie Ihre Aussagen auf folgende Kriterien:
- Wahrheit (Ernstnehmen, keine Unterschiede zwischen Sagen und Tun),
- Vollständigkeit (alle Bereiche ansprechen),
- Konsensfähigkeit (ein Kompromiß als Minimalkonsens),
- Verständlichkeit (für möglichst alle Zielgruppen),
- Erinnerbarkeit (langfristige Lerneffekte),
- Umsetzungsfähigkeit (ist dieses auch in die Praxis umzusetzen?).

Bei der Formulierung der für die Unternehmensphilosophie erforderlichen Unternehmensgrundsätze (vgl. Abbildung 22) ist folgendes zu beachten:

- passen Sie die Unternehmensgrundsätze den inneren und äußeren Veränderungen an,
- formulieren Sie aktiv und positiv, verständlich und einfach,
- reduzieren Sie (maximal eine DIN-A4-Seite),
- ordnen Sie Absätze, Steigerung, Struktur durch Absätze und Aufzählungen,
- fassen Sie zusammen (eventuell Überschriften, Slogans, Leitsprüche, Bereiche),
- denken Sie an die praktischen Umsetzungsmöglichkeiten (Rasteranalyse vgl. Abbildung 23),
- geben Sie Leitsprüche, Slogans, Leitbilder, Visionen als Ergänzung dazu,
- denken Sie ganzheitlich (nach innen und nach außen),
- unterscheiden Sie die Unternehmensgrundsätze von den Unternehmenszielen, Unternehmensstrategien, Konzepten und den einzelnen Maßnahmen,
- beteiligen Sie die Mitarbeiter und überprüfen Sie ihre Arbeit bezüglich der CI-Grundlagen.

Unternehmen	Produkte (Präsentationen) sind deshalb •	und nicht •
1 • macht sich die Anliegen der Verbraucher zu eigen und entwickelt praktische Lösungen für tägliche Probleme zu Hause und im Beruf (Lösungen für Alltagsprobleme)	**sachlich** einfach, vernünftig, anschaulich (Funktionen verdeutlichen)	dekorativ, kompliziert oder verwirrend
2 • sucht den Kontakt zu den Kunden und ihr Vertrauen	**menschlich** freundlich, sozial, anziehend, emotional wirksam/ ensprechend	was feierlich, aufdringlich, abweisend sein könnte
3 • pflegt den fairen Wettbewerb, vertraut seiner Marktartikelpolitik und ist interessiert an langfristigen Geschäftsbeziehungen	**offen** klar, ehrlich, glaubwürdig	was als täuschend, übertrieben oder als Effekthascherei angesehen werden könnte
4 • ist ein forschungsintensives Unternehmen. Seine Haltung und sein Denken sind zukunftsgerichtet, dynamisch, auf Weiterentwicklung ausgerichtet	**dynamisch** lebendig, frisch, modern	statisch, altertümlich
5 • pflegt bewährte, gültige Werte	**beständig** seriös, traditionsbewußt	modisch verspielt, dauernd wechselnd
6 • entwickelt, produziert und verkauft gute Produkte (Qualitätsprodukte)	**fachmännisch** solide, sauber, gründlich	was unfachgemäß, verschwenderisch wirken könnte
7 • ist bestrebt, alle Aktivitäten als einheitliches Programm sichtbar werden zu lassen	**konzeptionell/ programmatisch** Teil der CORPORATE IDENTITY	was dem Charakter oder dem Stil der Corporate Identity widerspricht

Abbildung 23: Raster-Analyse für die Unternehmensgrundsätze

Einflußfaktoren und mögliche Schwerpunkte der Unternehmenskultur

7 „Take off" für einen Flughafen durch CI

Im folgenden wird ein Corporate-Identity-Konzept am Beispiel des Flughafens Hannover präsentiert. Weitere Praxisbeispiele aus unterschiedlichen Branchen finden Sie im Anhang. Sie zeigen Unternehmensaussagen und Unternehmensgrundsätze, die Anregungen und Impulse zur Entwicklung eines eigenen CI-Konzepts sein können.

CI-Prozeß zur Schaffung einer notwendigen Identitätsbasis

Nach der Einführung eines umfassenden Corporate-Design-Konzepts für den Flughafen Hannover in den 80er Jahren mußte man feststellen, daß diese Neuerungen nicht von allen Mitarbeitern und Mitarbeiterinnen mitgetragen wurden. Fehlende Identifikation und Unzufriedenheit mit inneren Strukturen machten einen CI-Prozeß nach innen notwendig, um die Arbeitsbedingungen und Arbeitsweisen – und dadurch die Qualität der Arbeitsergebnisse – zu verbessern. CI war damit vorrangig ein Personalentwicklungsprozeß, der die Organisationsentwicklung und das Design-Management durch eine CI-Beratung ganzheitlich miteinander verband. Der Flughafen, den 1996 4,3 Millionen Fluggäste nutzten und der nicht zu den großen Airports gehört, brauchte aber für seine Erweiterungen und Ausbauten eine gute Grundlage, um sich für die wachsenden Hannover Messen und Cebits vorzubereiten. Zur Expo 2000 sollen dann durch ein neues drittes Terminal bis zu acht Millionen Gäste abgefertigt werden können.

Nach Vorgesprächen und Befragungen der einzelnen Abteilungen des Flughafens, wurde nach Absprache mit der Geschäftsleitung eine CI-Strategie entwickelt und durchgeführt:

1. Durch heterogene *Führungskräfteschulungen* (abteilungs- und hierarchieübergreifend) wurden gemeinsame Unternehmenskonzepte entwickelt und Kompetenzen für deren Umsetzung geschult (Personalentwicklung).

2. Aus diesen Arbeitsergebnissen und Vorschlägen wurden zur Steuerung und Koordination des CI-Prozesses durch ein neu gebildetes *CI-Team* Konzepte entwickelt, die dann nach Abstimmung mit der Geschäftsleitung in Kraft traten. Das CI-Team setzte sich aus Vertretern der Geschäftsleitung, den Führungskräften und Mitarbeitern aus verschiedenen Bereichen zusammen (vgl. Abbildung 15 und die Erläuterungen zum CI-Team im vorigen Kapitel).

3. Die so entwickelten *Unternehmenskonzepte* wurden von den Mitarbeitern besser akzeptiert und umgesetzt und führten damit zu einer direkten Veränderung des gesamten Unternehmens und einer allgemeinen Verbesserung.

4. Eine langfristige *CI-Schulung, CI-Beratung* und Unterstützung des CI-Teams verband unterschiedliche Maßnahmen und verstärkte den CI-Prozeß (CI-Beratung über drei Jahre).

5. Die Wirkungen dieses CI-Prozesses stärkten die *Identitätsbildung* nach innen und profilierten den Flughafen auch nach außen.

6. Die Führungskräfte und das CI-Team waren Träger des *CI-Prozesses* und Multiplikatoren. Sie sorgten für einen permanenten Veränderungs- und Innovationsprozeß (lernende Organisation, Kaizen, Reengineering, TQM ...), um Vorschläge und Veränderungen aufzunehmen, zu koordinieren, umzusetzen und zu kontrollieren (Selbstcontrolling). Sie machen auch heute noch daraus einen kontinuierlichen CI-Prozeß.

Der Überblick über die Bausteine der Führungskräfteschulung zeigt den Beginn und die Vorgehensweise:

Grundlagen: Einführung in die Corporate-Identity-Theorie, Aufbau einer Corporate Identity (CI)
- Erfahrungen
- Stellungnahmen
- Diskussion
- Die neue CI
- CI-Theorie im Überblick, Zielsetzungen
- Praktische Umsetzungen
- CI-Konzept-Entwicklung für den Aufbau nach innen
- Vorgehensweisen/Perspektiven

Mitarbeiterführung: Mitarbeiterführung zwischen Effizienz und Menschlichkeit
- Bedingungen, Grundlagen der Mitarbeiterführung
- Führungsstile, Analysen
- Managementtechniken, Teammanagement
- Führungsleitsätze
- Beispiele/Umsetzungen/Training

Mitarbeitermotivation: Führen durch Motivation
- Grundlagen der Motivationsansätze
- Führen durch Motivation
- Motivationstechniken
- Beispiele, Umsetzungen, Trainings

Gesprächsführung: Führen durch Gespräche
- Grundlagen der Gesprächsführung
- Gesprächstypen, Gesprächstechniken
- Führen durch Gespräche
- Beispiele, Umsetzungen, Trainings

Selbstmanagement für die Führungskräfte: Arbeits- und Selbstorganisation
- Konzeptionelle Lebensgestaltung
- Analysen und Entwicklungen
- Zeitmanagement
- Beispiele, Umsetzungen, Trainings

Am Anfang des CI-Prozesses sahen die Mitarbeiter die Stärken ihres Flughafens mehr in der Außenwirkung. Das Image, die Produktqualität und die Kundenzufriedenheit bekamen in den einzelnen Ist-Analysen hohe Bewertungen. Die Innenwirkungen hingegen wurden mehrheitlich schlecht bewertet und bestätigten die Notwendigkeit, CI nach innen aufzubauen. Die Umweltorientierung, das Wohlbefinden der Mitarbeiter, die Mitarbeiterorientierung, die Arbeitsweisen und besonders der Führungsstil waren Schwachpunkte, die den Gesamterfolg der Organisation zu gefährden schienen. Hieran zu arbeiten und dabei möglichst viel effektiv zu verändern, war die Aufgabe und Zielsetzung des CI-Prozesses. Der Flughafen der kurzen Wege sollte auch intern kurze Arbeits- und Kommunikationswege bekommen. Konkret ging es um verbesserte Informations- und Kommunikationsabläufe, um mehr Beteiligung der Mitarbeiter, mehr Entscheidungskompetenzen, Abbau der Bürokratisierung, Verbesserungen der Arbeitsbedingungen und der Führungsstile. Eigene Etatverantwortungen und einfachere Unterschriftenregelungen brachten schnelle Erfolge und hatten große Auswirkungen auf die Arbeitsabläufe (Synergieeffekte durch Vereinfachungen, Entlastungen und mehr Entscheidungsfreiräume). Die Schulungen, Diskussionen mit den Entscheidungsträgern und die ersten Veränderungen erhöhten die Erwartungshaltung und die Motivation aller Beteiligten. Diese neue Aufbruchstimmung war der erste Erfolg für CI. Der Prozeß hatte begonnen, die Take-off-Phase wurde Realität!

Nach dieser Konsolidierungsphase und dem Verbuchen erster Erfolge durch konkrete Veränderungen wurden Unternehmensgrundsätze entwickelt, die eine Basis bildeten, auf die alle Maßnahmen nach innen und außen hin ausgerichtet werden sollten. Diese Sinnorientierung des Flughafens wurde im Rahmen der Schulungen von vielen Mitarbeitern diskutiert und im CI-Team mit der Geschäftsleitung abgestimmt. Nur durch diesen Prozeß wurde das Umsetzen und das Leben der Unternehmensgrundsätze, eine Identifikation mit ihnen und somit ihre geplanten Wirkungen ermöglicht. Durch Rasteranalysen (vgl. Abbildung 23) wurden die Umsetzungsmöglichkeiten als konkrete einzelne Maßnahmen und Negativabgrenzungen deutlich. Der Aufbau und die Entwicklung einer ganzheitlichen CI braucht klare Aussagen zu allgemeinen Werten und Motiven, um die Visionen auf der Metaebene zu verdeutlichen (vgl. Abbildung 24). Konkrete Unternehmensziele, -strategien und -konzepte müssen davon abgeleitet und darauf abgestimmt werden. Ziel ist das „Runterbrechen" der Grundsätze in die Praxisebene, damit sie am einzelnen Arbeitsplatz gelebt werden können. Die einzelnen Formulierungen dürfen keine Worthülsen sein, da CI sonst wirkungslos bleibt. Der Prozeß der

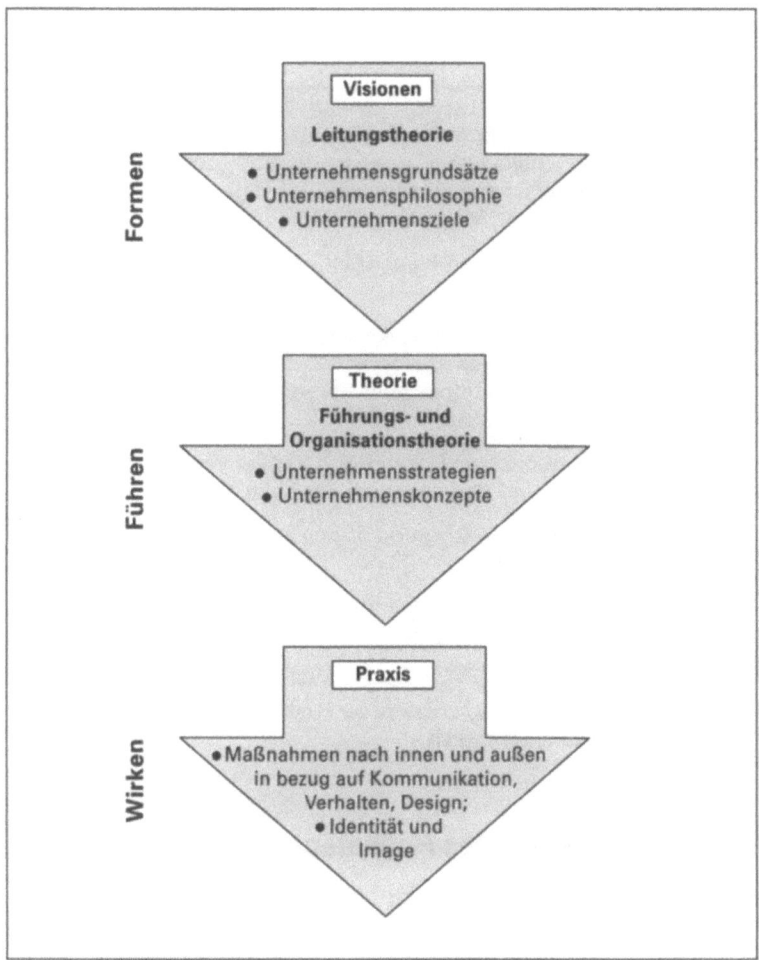

Abbildung 24: Aufbau und Entwicklung einer ganzheitlichen Corporate Identity

gemeinsamen Entwicklung, der Auseinandersetzung mit diesen Werten, der Identifikationsbildung ist das eigentliche Ziel und Ergebnis von CI. Die Grundsätze und Leitbilder sind nur der sichtbare Teil der Unternehmenskultur.

Die ersten allgemeinen und sichtbaren Zwischenergebnisse für alle waren die gemeinsam entwickelten und formulierten Unternehmensgrundsätze (vgl. Abbildung 25).

1. Wir verstehen unseren Flughafen als Impulsgeber für die wirtschaftliche Entwicklung unserer Region und erfüllen als Dienstleistungsunternehmen eine wichtige Funktion für die Wirtschaft und die Menschen.
2. Wir betreiben unseren Flughafen auf hohem internationalen Standard.
3. Wir bieten unsere Dienstleistungen nach privatwirtschaftlichen Grundsätzen an. Die Verantwortung gegenüber unseren Kunden, Mitarbeiterinnen und Mitarbeitern ist dabei Grundlage unseres Handelns.
4. Wir betreiben unseren Flughafen in aktiver Verantwortung für die Erhaltung und Verbesserung der Umwelt.
5. Wir verfolgen eine aktive und offene Informationspolitik nach innen und außen.
6. Wir verstehen unser Erscheinungsbild als Ausdruck unserer Kompetenz, Zuverlässigkeit und Servicefreundlichkeit.

Abbildung 25: Unternehmensgrundsätze der Flughafen Hannover-Langenhagen GmbH

Unternehmensziele des Flughafens

Nach den anfänglich schwierigen und abstrakten Formulierungsdiskussionen (Abwehrhaltungen und Widerstände) waren aber alle folgenden Schritte und Ableitungen einfacher, schneller und besser miteinander vernetzt (corporate!). Die entwickelten Diskussions- und Prozeßstrukturen und ein neues CI-Bewußtsein ermöglichten anschließend schnelle und gute Ergebnisse und Synergieeffekte, da engagiert und ohne Abwehrhaltungen gehandelt wurde. Hier zeigte sich die Notwendigkeit und Stärke der langfristigen und kontinuierlichen CI-Beratung als Unterstützung des CI-Teams. Konflikte und Probleme konnten besser gelöst und daraus gemeinsame Lösungen und Lernerfolge geschaffen werden. Nach der Veröffentlichung und Erläuterung der Unternehmensgrundsätze in der Mitarbeiterzeitschrift wurden anschließend sofort in der gleichen Weise Unternehmensziele und Führungsgrundsätze erarbeitet. So konnten die Erwartungen der Mitarbeiter immer besser erfüllt werden, die ja interne Veränderungen wünschten. Die Erarbeitung der Unternehmensziele brachte für alle Abteilungen eine strategische Ausrichtung, die Veröffentlichung zusammen mit den Unternehmensgrundsätzen verbesserte das Ansehen und das Profil nach außen.

Unternehmensgrundsatz 1

Wir verstehen unseren Flughafen als Impulsgeber für die wirtschaftliche Entwicklung unserer Region und erfüllen als Dienstleistungsunternehmen eine wichtige Funktion für die Wirtschaft und die Menschen.

Ziele:

1. Sicherstellung eines bedarfsgerechten Ausbaus.
2. Ständige Verbesserung des Dienstleistungsangebotes für Passagiere und Kunden.
3. Angemessene Berücksichtigung der Infrastrukturaufgaben unseres Flughafens.
4. Aktives Marketing und Verkehrsförderung zur Steigerung des Verkehrswertes betreiben.

Unternehmensgrundsatz 2

Wir betreiben unseren Flughafen auf hohem internationalen Standard.

Ziele:

1. Ausbau, Instandhaltung und Betrieb der Anlagen und Geräte auf hohem technischen Standard.
2. Sicherheit für die Abwicklung des Luftverkehrs hat höchste Priorität.

3. Nutzerfreundliche Gestaltung sämtlicher Flughafenbereiche.
4. Qualifizierung der Mitarbeiter dem hohen internationalen Standard entsprechend.

Unternehmensgrundsatz 3

Wir bieten unsere Dienstleistungen nach privatwirtschaftlichen Grundsätzen an. Die Verantwortung gegenüber unseren Kunden, Mitarbeiterinnen und Mitarbeitern ist dabei Grundlage unseres Handelns.

Ziele:

1. Erzielung eines angemessenen Gewinnes zur Erhaltung der wirtschaftlichen Unabhängigkeit durch

    1.1 Optimierung der Erträge mittels
    - einer angemessenen Preispolitik,
    - Ausweitung der dem Flughafen dienenden geschäftlichen Aktivitäten,
    - aktiven Marketings und Verkehrsförderung.

    1.2 Minimierung der Kosten durch,
    - effizienten Personaleinsatz,
    - wirtschaftlichen Einsatz von baulichen Anlagen, Geräten und Material.

2. Motivierung und Aus- und Weiterbildung der Mitarbeiter zur Erreichung der Unternehmensziele.

3. Kundenbindung und Kundengewinnung durch hohe Qualität unserer Dienstleistungen und damit Sicherung der Arbeitsplätze.

Unternehmensgrundsatz 4

Wir betreiben unseren Flughafen in aktiver Verantwortung für die Erhaltung und Verbesserung der Umwelt.

Ziele:

1. Fortentwicklung und Förderung von lärmmindernden Maßnahmen auf dem Gebiet des aktiven und passiven Schallschutzes.
2. Vermeidung beziehungsweise Reduzierung von Abfällen, Abgasen und Abwasser.

3. Besondere Berücksichtigung des Umweltschutzes bei Entscheidungen zum weiteren Ausbau unseres Flughafens beziehungsweise seiner Infrastruktur.

Unternehmensgrundsatz 5

Wir verfolgen eine aktive und offene Informationspolitik nach innen und außen.

Ziele:

Nach innen:

1. Umfassende und zielgerichtete Information der Mitarbeiter durch interne Vermerke, Besprechungen, Protokolle, Aushänge und Publikationen über Planungen, Entwicklungen, Ereignisse und Ergebnisse des Flughafens.
2. Informationsfluß zwischen den verschiedenen Hierarchien sowie unter den Mitarbeitern in alle Richtungen. Jeder Mitarbeiter ist angehalten, seine Mitarbeiter, Kollegen, Vorgesetzte und sich selbst zu informieren.

Nach außen:

1. Aktive PR-Arbeit zur Gewinnung von Vertrauen und Sympathie in der Öffentlichkeit mit dem Ziel einer kontinuierlichen Förderung und Verbesserung des Images des Flughafens Hannover.
2. Information der Öffentlichkeit und der Medien über Planungen, Entwicklungen, Ereignisse und Ergebnisse des Flughafens durch die Geschäftsleitung mittels Presseinformationen, Pressegesprächen, Pressekonferenzen, Publikationen, Schreiben und Gesprächen mit Vertretern der Wirtschaft, Politikern, Vereinen und Verbänden sowie Anrainern und sonstigen Zielgruppen.
3. Begrenzung der Information und Kommunikation durch Betriebsgeheimnisse, Datenschutz, Gesetze/Verordnungen und durch den menschlichen Takt.

Unternehmensgrundsatz 6

Wir verstehen unser Erscheinungsbild als Ausdruck unserer Kompetenz, Zuverlässigkeit und Servicefreundlichkeit.

Ziele:

1. Kunden- und serviceorientiertes Auftreten der Mitarbeiter.
2. Pflege, Verbesserung und Erhaltung des Erscheinungsbildes aller Bauten, der Geräte und der Verkehrs- und Grünanlagen.

Die Führungsgrundsätze des Flughafens

Um den CI-Prozeß nach innen in Gang zu halten, wurden kontinuierliche Führungskräfteschulungen und regelmäßige Schulungen im Bereich Kundenservice durchgeführt. Der Ablauf der Entwicklung von Verhaltensgrundsätzen ging über fünf Phasen:

1. *Entwurf* durch das CI-Team
   - vom Leitbild und den Unternehmensgrundsätzen ableiten (Rasteranalyse)
   - aus den Erfahrungen/Konflikten ableiten
   - Anleitung durch Berater und Beispiele

2. *Diskussion* mit den Betroffenen (Führungskräfte und Mitarbeiter)
   - in den einzelnen Bereichen/Unterteams
   - Abstimmung mit der Geschäftsleitung
   - Abstimmung/Befragung/Ergänzungen

3. *Präsentation* der Verhaltensgrundsätze
   - Veröffentlichung und Umgehensweise
   - Beispiele geben
   - Veranstaltung

4. *Schulung* der Verhaltensgrundsätze
   - Führungskräfteschulungen
   - Mitarbeiterschulungen
   - Beispiele/Umsetzung in Projekten und Konflikten

5. *Umsetzung* im alltäglichen Arbeitsleben
   ▶ vorbildlich
   ▶ konsequent und immer
   ▶ überprüfen und verändern

Besonders die Führungsgrundsätze brachten neue Motivation und auch Verhaltensänderungen. Die klaren grundsätzlichen Aussagen, die gemeinsam entwickelt, in den Schulungen konkretisiert und durch Videotraining eingeübt wurden, unterstützten erfolgreich die Festigungsphase des CI-Prozesses. Die Mitarbeiter sprachen von ihren Erfolgen durch CI; die Identitätsbildung, das Wir-Gefühl und die Zusammenarbeit zwischen einzelnen Bereichen verstärkte sich. Durch die Motivation und die Identifizierung mit ihrem Flughafen konnten ihre Kompetenzen besser zur Wirkung kommen, da keine Rechtfertigungen und Abwehrreaktionen Kräfte verschwendeten.

Die Führungsgrundsätze des Flughafens im Überblick

(mit ihren praktischen Umsetzungsmöglichkeiten, die auch in den Trainings mit Videounterstützung geschult wurden)

1. **Führen durch persönliches Vorbild**
   ▶ Kritik üben und annehmen, Fehler zugeben
   ▶ persönliches Engagement
   ▶ zielorientiertes Arbeiten
   ▶ Vorbildfunktion
   ▶ eigene Meinung haben und dazu stehen
   ▶ kooperativer statt autoritärer Führungsstil:
     – Interesse für Mitarbeiter zeigen
     – partnerschaftlicher Umgang

2. **Persönlichkeit der Mitarbeiter achten**
   ▶ gegenseitiges Vertrauen und Helfen
   ▶ Selbstwertgefühl fördern
   ▶ Vertrauen und Offenheit schaffen
   ▶ persönliche Umstände berücksichtigen und auf private Sorgen eingehen

- Gefühle direkt ansprechen
- Vertrauen in die Fachkompetenz der Mitarbeiter/innen
- gutes Betriebsklima schaffen
- Stärken fördern und Schwächen abbauen
- konstruktive Kritik

3. **Entscheidungsfreiräume schaffen, Eigenverantwortung fördern, Verantwortung übertragen**
   - Delegation von Verantwortung und Aufgaben
   - Verantwortungsbewußtsein der Mitarbeiter/innen stärken
   - Eigeninitiative fördern
   - frühzeitige Beteiligungen,
   - Einbeziehung der Mitarbeiter/innen
   - CI leben = Identifikation
   - gute Arbeitsbedingungen schaffen
   - Effektivität, Flexibilität und Innovation steigern
   - Grenzen erkennen und setzen, Machbarkeit und Umsetzbarkeit erfragen
   - Abbau von Hierarchien

4. **Informieren und Kommunizieren**
   - Information von oben und unten
   - abteilungsübergreifende Informationen
   - Mitarbeiter/innen nicht durch zuviel/zuwenig Informationen über- oder unterfordern
   - zuhören können
   - frühzeitige Informationen und Impulse geben
   - Rückkopplungen schaffen (aktiv zuhören und bestätigen)
   - gute Beziehungsebenen schaffen
   - sachliche, verständliche und offene Informationen geben; eher überzeugen als anordnen
   - aktiv Gespräche führen (Wer fragt, der führt!)

5. **Zielvereinbarung und Überprüfung**
   - klare Zielvorgaben
   - zielorientiertes Arbeiten
   - Vermeidung von Doppelarbeit
   - frühzeitige Beteiligung der Mitarbeiter/innen und Aufnahme von Bedenken ihrerseits
   - positives Image

6. **Ganzheitliches Denken und Handeln**
   - Teamgeist fördern und Stärkung des Wir-Gefühls
   - Überwindung von Abteilungsdenken (Egoismus)
   - vorausschauendes Denken und Handeln
   - Zeitmanagement
   - Schaffung von guten Arbeitsbedingungen (Arbeitsplatzgestaltung, Mobbing)
   - Koordination

7. **Mitarbeiter fördern – Leistung fordern und anerkennen**
   - Mitarbeiter/innen nach persönlichen und fachlichen Fähigkeiten einsetzen
   - Anerkennung von Leistungen
   - Anreize schaffen durch:
     - leistungsorientierte Bezahlung
     - Motivationsförderung
     - gute Ausbildungsmöglichkeiten
     - gute Arbeitsbedingungen
     - ein gutes Betriebsklima
   - Sensibilität zeigen im Umgang mit Mitarbeiter(n)innen (⇒ Führen von Mitarbeitergesprächen)

Umsetzung der entwickelten CI

Die mögliche Umsetzung der allgemeinen Aussagen und Konzepte an der Rampe und beim Telefondienst wurden Controllinganzeiger, ob sie am einzelnen Arbeitsplatz auch effektiv greifen und ihren Sinn erfüllen können. Die Schulung der Telefonistinnen zum Telefonverhalten mußte ihnen die Richtlinien nicht vorschreiben, sondern war ein Abstimmen ihrer Vorstellungen mit den Unternehmensgrundsätzen. Die Übereinstimmungen waren so groß, daß der Schulungserfolg wie ein Lauffeuer durch den Flughafen ging: ein Zeichen einer starken Identitätsbildung! Für ihr Verhalten am Telefon stellten sich die Telefonistinnen folgende Grundsätze auf (vgl. Abbildung 26):

> **Gutes Telefonieren** ist die Visitenkarte des Flughafens ...
> ... und hilft für mein eigenes Wohlbefinden!
> 1. Ich melde mich mit Namen.
> 2. Ich spreche den Kunden/die Kundin mit Namen an. Die Überraschung erzeugt bei den Kunden ein Wir-Gefühl. Ich nehme sie ernst. Ich habe Verständnis für sie.
> 3. Ich stelle mich auf meine/n Anrufer/in ein (Wer ist am Telefon?); Was kann ich für Sie tun? Womit kann ich Ihnen helfen? Welche Informationen benötigen Sie?
> 4. Ich bin: freundlich, höflich, nett; ruhig, flexibel, direkt; sachlich, deutlich, offen/international;
> 5. Ich schaffe eine positive Atmosphäre (für mich selbst): Ich lächele am Telefon, ich bin ausgeglichen und gelassen.
> 6. Ich höre der Kundin/dem Kunden aktiv zu.
> 7. Ich stelle Fragen:
>   a) um Informationen von den Kunden zu bekommen, die ich für die Beantwortung ihrer Fragen benötige,
>   b) um sie zu stoppen.
> 8. Ich suche die Gemeinsamkeit (Wir); Ich biete an, zurückzurufen; ich verbinde.
> 9. Ich bin nicht belehrend! Ich versuche, zu interessieren, zu begeistern.

Abbildung 26: Verhalten am Telefon

Die gute Identitätsbasis wurde durch organisatorische Vereinfachungen (mehr Verantwortung für Mitarbeiter) und die Durchführung von CI-Workshops noch verstärkt. In regelmäßigen Abständen wurden je etwa 15 Mitarbeiter aus den verschiedenen Bereichen zu diesen Workshops eingeladen, bis alle über 1 000 Flughafenmitarbeiter über den CI-Prozeß informiert waren. Hier wurde über das Thema CI anhand praktischer Beispiele informiert, es wurde über CI diskutiert, es gab Anregungen und Kritik. Daraus sind unter anderem folgende Veränderungen entstanden:

Verbesserung des Vorschlagwesens und der internen Kommunikation, Durchführung eines großen Betriebsfestes, neue Aufenthalts- und Sozialräume, verbesserte Mülltrennung, gute Unterstützung der Betriebssportgruppen.

Über die zum Positiven veränderten internen Strukturen durch die weichen Führungsfaktoren wie Motivation und Identifikation und die dadurch erhöhte Leistungsbereitschaft des einzelnen Mitarbeiters konnte der Flughafen Hannover sein Image als „der freundliche Flughafen" (Werbeslogan) stark profilieren. Kurze Wege, schnelle und fehlerfreie Abfertigung, das Eingehen auf besondere Kundenwünsche und ein guter Service bis hin zum Telefonverhalten sind grundlegende Erfolgsfaktoren, die trotz der Kapazitätserweiterungen eine hohe Kundenzufriedenheit sichern. Die enge Beziehung zur Region als eine Einbeziehung in die Wirtschaftsstrukturen des Landes Niedersachsen, die Annahme des Flughafens durch große Unternehmen und durch Urlaubs-, Privat- und Geschäftsreisende aus einem immer größer werdenden Einzugsbereich verdeutlichen den erlangten Wettbewerbsvorteil.

Die betriebswirtschaftliche Leitung des Flughafens als Basis für ein Unternehmen ohne rote Zahlen, mit enormen Zuwachsraten und erheblichen Ausbauplänen und Erweiterungen kann auf starke Mitarbeiter zählen, die durch einen konsequenten Identitätsprozeß ein übereinstimmendes Image profiliert nach außen tragen. Hier liegt letztlich der ganzheitliche Erfolg, so daß sich der Flughafen Hannover weiterhin in einem engen Markt mit ständig wachsenden Anforderungen effektiv behaupten kann.

Ein von Zeit zu Zeit neu zusammengesetztes CI-Team sorgt für Kontinuität in der Arbeit und hält den CI-Gedanken wach. Der permanente Veränderungsprozeß, der neuen Anforderungen, Situationen und Gegebenheiten gerecht wird, bleibt so in Gang. CI ist den Mitarbeitern des Flughafens nicht als ein starres Regelwerk aufgedrückt worden, sondern jeder konnte sich mit seinen Gestaltungsvorstellungen (vgl. die Umsetzungen und die Abbildung 24 und 25) aktiv an einem starken Identitätsprozeß beteiligen und eine gemeinsame Erfolgsbasis für die Zukunft entwickeln. Ein gutes Beispiel – Follow Me!

8

Umsetzen und Leben der Unternehmensgrundsätze

Corporate-Behavior-Konzeptionen: Management, Mitarbeiterführung, Personalentwicklung, Mitarbeiterverhalten

Aufbauend auf die Unternehmenskultur und der daraus entwickelten und formulierten Unternehmensgrundsätze vermitteln drei unterschiedliche CI-Bereiche eine ganzheitliche Corporate Identity nach innen und außen. Neben dem einheitlichen Erscheinungsbild (Corporate Design) und der abgestimmten Kommunikation (Corporate Communication) ist das einheitliche Verhalten (Corporate Behavior; vgl. Abbildung 27) wesentliches Instrument zum Aufbau einer Corporate Identity.

Corporate Behavior umfaßt das Verhalten des Unternehmens nach innen und außen, allgemein das Auftreten und das Verhalten gegenüber den Mitarbeitern und untereinander sowie gegenüber der Öffentlichkeit (den Kunden, den Kooperationspartnern, den Mitbewerbern, den Zulieferern, den Banken, den Medien). Das Verhalten der Mitarbeiter wird nicht dem Zufall überlassen, sondern ist von der Unternehmensphilosophie und den entsprechenden Unternehmenszielen abgeleitet. Durch dieses abgestimmte, widerspruchsfreie Verhalten werden die Einzelwirkungen nicht gegenseitig aufgehoben und die Zielgruppen auch nicht verunsichert. Zielsetzungen dabei sind:

1. durch eine einheitliche Orientierung die Einzelwirkungen zu verstärken (Synergieeffekte zu schaffen),
2. dadurch auch ein Zusammengehörigkeitsgefühl zu entwickeln (Wir-Gefühl), das
3. ein Wohlbefinden der Mitarbeiter mit sich bringt und

Bestandteile des Corporate-Behavior-Konzepts

1. **Allgemeine Vorstellungen**
   - Ziele (mit Bezug zu den Organisations-Grundsätzen), Grundlagen, Strategie, Leitbilder ...

2. **Grundsätze des Verhaltens**
   - Führungsgrundsätze
   - Verhaltensgrundsätze

3. **Führungskonzept/Mitarbeiterführung**
   - Management
   - Führungsstil
   - Arbeitsweisen (Arbeitsplatz-Verhalten, Teamarbeit, Teamentwicklung, Projekt-Management ...)
   - Arbeitsabläufe
   - Organisationsstruktur ...

4. **Personalentwicklung**
   - Auswahl, Einstellung, Ausbildung
   - Weiterbildung, Schulung
   - Sozialbereich
   - Betreuung
   - Beförderung
   - Beurteilung
   - Entlassung

5. **Mitarbeiterinformation/-kommunikation**
   - Information
   - Veröffentlichungen
   - Anlässe, Traditionen

6. **Auftreten nach außen**
   - Marketing, Vertrieb, Verkauf, Kundendienst, Kundenorientierung
   - Präsentationen, Promotion, PR
   - Telefonverhalten
   - Kooperationspartner
   - Region, Standort ...

Schaffung, Stärkung und Entwicklung von Verhaltenskompetenzen durch ein ganzheitliches Corporate-Behavior-Konzept:

Grundlagen-Kompetenz	Team -Kompetenz
Fach -Kompetenz	Projekt -Kompetenz
Sozial -Kompetenz	Verkaufs -Kompetenz
Methoden -Kompetenz	Führungs -Kompetenz
Handlungs -Kompetenz	

Abbildung 27: Corporate-Behavior-Konzeption

4. eine Steigerung der Mitarbeitermotivation und der Leistung bedeutet und was

5. zusammen eine hohe Identifikation der Mitarbeiter aufbaut (Identität mit dem Unternehmen/der Organisation).

Zu dem einheitlichen Unternehmensverhalten gehören alle sozialen Interaktionen in der Gesamtorganisation, die auf die unterschiedlichen sozialen Bezugsgruppen ausgerichtet sind:

- Mitarbeiterführung
- Führungsstil
- Personalpolitik und -entwicklung
- Aus- und Weiterbildung
- Mitarbeiterverhalten
- Verkaufsverhalten
- Telefonmarketing
- Kundenbetreuung
- Personalvertretungen
- Arbeits- und Betriebsklima
- soziale/betriebsinterne Sport- und Freizeitaktivitäten
- Auftreten gegenüber anderen Organisationen usw.

Corporate Behavior umfaßt drei unterschiedliche Verhaltensbereiche:

1. das einheitliche (zum Teil typisierte und eintrainierte) Verhalten, insbesondere im instrumentalen Bereich, ist die Basis. Dieser Standard ist die Grundlage des Marketingmixes für die Produktpolitik, Preispolitik und Kommunikationspolitik (zum Beispiel Verkaufsverhalten, Telefongespräche, Mitarbeitergespräche, Kleidung der Mitarbeiter usw.),

2. das alltägliche Verhalten der Mitarbeiter untereinander (zum Beispiel informelles Verhalten, Führungsverhalten usw.),

3. das Verhalten gegenüber der Öffentlichkeit und den Medien (zum Beispiel das Auftreten, die Zusammenarbeit mit anderen Organisationen und Verbänden usw.).

Teamentwicklung

Die Führungs- und Organisations-Struktur (FOS) hat sich vom *management by delegation* (Führen durch Delegationsanweisung) weiterentwickelt zum *management by objectives* (Führen durch Zielvereinbarung). Grundlage dafür sind kompetente, selbständige und mitdenkende Mitarbeiter, die die gemeinsam entwickelten Ziele innerhalb ihres Entscheidungsspielraumes stringent angehen und entsprechend arbeiten.

Wichtig dabei ist, daß der einzelne Mitarbeiter nicht gegen seine Kollegen arbeitet, sondern sich als Teil des Ganzen versteht: Ein Erfolg kann es nur geben, wenn alle miteinander voller Kraft in die gleiche Richtung ziehen. Der Erfolg des Einzelnen ist nur möglich, wenn alle Abteilungen aufeinander abgestimmt arbeiten und in den einzelnen Gruppen keine Energie dafür verschwendet wird, sich gegenseitig auszustechen. Jeder in seiner Position muß seine Wirkungen im Rahmen dieser Zielgrößen ausrichten und so arbeiten – der persönliche Erfolg ist nur im Rahmen des ganzen Unternehmenserfolgs möglich.

Dieses Teamdenken ist nicht einfach vorhanden, sondern muß dem Einzelnen Nutzen bringen, entsprechend eintrainiert und praktisch umgesetzt werden – das ist die Aufgabe der Teamentwicklung in den Unternehmen. Teamarbeit bedeutet dabei selbständige Erledigung eines zeitlich begrenzten und in sich geschlossenen Arbeitsauftrages durch ein Team unter Führung eines Projekt- oder Teamleiters. Jedes Teammitglied trägt entsprechend seinen besonderen Kenntnissen und Fertigkeiten zum gemeinsamen Erfolg bei. Voraussetzung für Teamarbeit ist der Leistungswille und das harmonische Zusammenwirken aller Teammitglieder. Teamarbeit führt in allen Bereichen zu mehr Wohlbefinden, Wir-Gefühl und zu einer deutlichen Leistungssteigerung. Die Leistung und ihre Sichtbarwerdung, die Befriedigung und das Selbstwertgefühl des einzelnen Mitarbeiters steigt und ist damit Grundlage für einen gemeinsamen Teamerfolg.

Team heißt nicht: *Toll, ein anderer macht's!* Teamarbeit ist kein Abschieben von Arbeit und Verantwortung. Teamentwicklung heißt auch nicht, daß der Einzelne seine Verantwortung und Individualität zurückstellen soll, sondern, daß er sie bewußt mit in das Team einbringt. Teamarbeit ist ein Miteinander ohne Gegeneinander. Ein Teamerfolg kann es also nur geben, wenn sich jeder einzelne voll in das Team einbringt.

Fallen für die Teamarbeit

Welche typischen Fallen gibt es, so daß die Arbeit in Teams oft eher schadet als nützt?

Teamarbeit wird häufig als Zauberformel benutzt, um in der Wirtschaft, aber auch in Wissenschaft, Politik und Non-Profit-Organisationen bessere Leistungsfähigkeit einzufordern. Auf der Suche nach neuen Methoden, um mit den Schwierigkeiten des Alltags fertig zu werden, wird die Arbeit in Gruppen als Gegensatz zum Einzelkämpfertum wiederentdeckt. Nicht der Einzelne allein kann mit den Anforderungen fertig werden, also sucht man eher die Gruppe, in der man Sicherheit und Bestätigung zu finden glaubt. Damit wird das Team zur zentralen Arbeits- und Steuereinheit. Viele Teamstrukturen sind dabei aber eher kontraproduktiv, da die einzelnen Mitglieder nicht teamfähig sind, nicht geschult wurden oder entsprechende Erfahrung haben. Man kann Teamarbeit nicht „einfordern" und schon gar nicht nur positive Teamerfolge. Teams können nur gemeinsam entwickelt werden, durch positive Erfahrungen und auch durch Fehler.

Typische Fehler können uns auf wichtige Teamregeln hinweisen:

▶ Achten Sie darauf, daß Querdenker und Andersdenker nicht in den Sog der Mehrheit geraten. Die Konsensbildung darf nicht allen „übergestülpt werden". Ein gutes Team besteht aus starken Einzelpersönlichkeiten, die ihre Erfahrungen, Kompetenzen und Vorschläge einbringen und damit das Team bereichern. Ein Wir-Gefühl darf die Einzelinitiative und Einzelverantwortung nicht ersticken!

▶ Teamentscheidungen sind nicht statisch, sondern müssen permanent verändert, das heißt überprüft werden: sind sie noch gültig, werden sie bestätigt, sind sie nicht mehr gültig, müssen sie verbessert werden. Gemeinsam getroffene Entscheidungen der Gruppen sind mühsam und werden deswegen gern als feste Regeln angesehen. Neue Aspekte werden dann vorschnell verworfen, sie könnten ja die Teamentwicklung zerstören. Aber: nur gute Teams können es sich erlauben, ihre Entscheidungen und Regeln flexibel zu verändern, schlechte Teams haben Entscheidungen für immer.

▶ Achten Sie darauf, daß sich der Einzelne nicht hinter und im Team verstecken kann. Teamverantwortung und Einzelverantwortung schließen sich nicht aus. Fordern Sie die persönliche Verantwortung und Konsequenz ein, machen Sie die Vorbildfunktion der einzelnen Teammitglieder deutlich. Je größer die Gruppen sind, desto leichter kann sich der Einzelne zurückziehen: also kleinere Gruppen bilden und auch lieber flexible Untergruppen.

▶ Entwickeln Sie gemeinsam Teamregeln und Arbeitsstrukturen, die sie permanent anwenden oder verändern (vgl. Abbildung 28). Einzelne Projekte und Entscheidungen gegensätzlich und sachlich kompetent diskutieren und dann entscheiden, so daß es das Team insgesamt und jeder einzelne tragen kann. Schaffen Sie dabei notwendige Freiräume für Andersdenkende.

▶ Konsensbildung (Wir-Gefühl und Harmoniestreben) und Konfliktkultur (Probleme, Konflikte, gegensätzliche Entscheidungen) ganzheitlich gemeinsam entwickeln, um das Team und den Einzelnen zu stärken, das bringt langfristig gute Teamerfolge.

Durch das abgestimmte Zusammenspiel der einzelnen Wechselwirkungen innerhalb des Corporate Behavior, dem Verhalten der Kommunikation und dem Erscheinungsbild werden die Ressourcen der Mitarbeiter freigesetzt und die Kunden gezielt angesprochen. Das macht den eigentlichen Erfolg einer Corporate Identity aus.

Erst das einheitliche Verhalten im Unternehmen schafft Synergieeffekte, und das geht nur über die gute Identifikation der Mitarbeiter mit ihrer Organisation. Diese Identität ist abhängig von der Beteiligung der Mitarbeiter, die damit zur entscheidenden CI-Maßnahme wird. Ein ganzheitliches Unternehmensverhalten kann man nur mit Hilfe und mit der Beteiligung der Mitarbeiter entwickeln.

Gib klare Arbeitsanweisungen!
- Nutze deine Stärken!
- Verhalte dich solidarisch!
- Vertraue deinen Partnern!
- Gib ab!
- Sei offen!
- Stelle dich selber in Frage!
- Halte Spielregeln ein!
- Sei zuversichtlich!
- Probiere viele Wege und warte nicht auf Lösungen!
- Halte Druck aus!
- Bringe Ausdauer und Durchhaltevermögen mit!
- Beachte das Prinzip „Weniger ist Mehr"!
- Gib Erkenntnisse weiter!
- Nimm Erfahrungen anderer auf und nutze sie!
- Denke und handle aus dem Rahmen und im Strukturganzen!
- Zeige kooperative Handlungsbereitschaft!
- Akzeptiere die Meinung anderer!
- Gib und nimm Feed-back!

Quelle: CIBA-Regenthal

Abbildung 28: Regeln für Team-Arbeit

Vorgehensweise:

- Entwickeln Sie ein Konzept für ein ganzheitliches Unternehmensverhalten,
- aufbauend auf der Unternehmensphilosophie,
- mit Beteiligung Ihrer Mitarbeiter und Führungskräfte,
- für alle Organisationsbereiche,
- schaffen Sie ein Controlling-Team,
- schulen und trainieren Sie Ihre Mitarbeiter entsprechend den aufgestellten Zielsetzungen.

Corporate-Design-Konzeptionen: Design-Management, Design-Entwicklung, Erscheinungsbild

Corporate Design ist das durch organisationsspezifische Leitlinien geformte visuelle Erscheinungsbild der Architektur und aller Präsentationsweisen der Organisation/des Unternehmens. Ausgangspunkt dieser Leitlinien ist die Unternehmensphilosophie.

Die einzelnen Elemente und Einzelmaßnahmen sind Ausdruck der spezifischen Corporate Identity und vermitteln insgesamt den ganz persönlichen, spezifischen Stil des Unternehmens. Sie reichen vom Produkt-Design, dem Verpackungs-Design, den Drucksachen, den Ausstellungs- und PR-Maßnahmen (Anzeigen, Werbung, Broschüren) über die Einrichtungen und Dienstleistungen des Unternehmens bis hin zur Gestaltung des Fuhrparks und der Firmenkleidung (Grafik-Design).

Entgegen älteren Auffassungen von CI in den 70er Jahren ist ein isoliertes Corporate Design nicht in der Lage, eine umfassende Corporate Identity zu schaffen. Mit einem Logo (vgl. Abbildung 29) und etwas mehr Farbe allein kann das Unternehmen keine Mitarbeiter motivieren oder Kunden ansprechen, besonders, wenn die Wirkungen anderer Maßnahmen (zum Beispiel schlechtes Betriebsklima, schlechter Kundenservice) die guten Design-Wirkungen aufheben. Gestaltungsmerkmale, Zeichen und Symbolsysteme sind wichtige CI-Mittel zur Identitätsbildung und auch häufig die ersten Schritte in Richtung CI. Die Design-Werte dürfen aber nicht losgelöst von der Unternehmensphilosophie und -kultur sein und auch nicht die alleinigen CI-Maßnahmen bleiben. Der ganzheitliche CI-Ansatz geht über die visuelle Gestaltung von CI hinaus.

1. **Hoher Aufmerksamkeitswert**
   - Anreiz
   - Blickfang
   - Signalwert
   - Abheben vom Umfeld
   - Besonderheit

2. **Deutlicher Informationsgehalt**
   - Sachbezug
   - Transparenz
   - Symbolfunktion
   - Assoziationen
   - Dynamik
   - Aussagequalität

3. **Berücksichtigung affektiver Qualitäten**
   - Auffälligkeiten
   - Motive, Interessen und Bedürfnisse
   - ästhetische Qualität
   - Gefühle
   - Wahrnehmungsorientierung

4. **Eigene Profilbildung**
   - Akzente, Anreize
   - Unverwechselbarkeit
   - Prägnanz
   - Deutlichkeit
   - Erkennbarkeit
   - Eigenständigkeit

5. **Vielseitiger Gebrauchswert**
   - Einsatzspektrum
   - Reproduzierbarkeit
   - Kontinuität
   - Verbindungen bei variabler Darstellung
   - Gesamterscheinungsbild
   - Konzeptionsorientierung

Abbildung 29: Gestaltungskriterien für das Wort-Bild-Zeichen

Aufbau einer Imageanalyse

Eine Gruppe aus Ihrem Unternehmen möchte eine Imageanalyse (zum Beispiel die Führungskräfte einer Abteilung mit ihren Mitarbeitern) durchführen. An dem folgenden Beispiel kann die Vorgehensweise erläutert und konkret erklärt werden, damit Sie diese direkt auf ihre Situation beziehen können.

▶ 1. Vorbereitung

Ausgangspunkt sind die Erklärungen und Beschreibungen von Wirkungen, CI-Konzepten und CI-Maßnahmen sowie die Darstellung möglicher Imagekomponenten. Abbildung 18 zeigt ein fiktives Beispiel, um die Visualisierung des unsichtbaren Images zu ermöglichen. Diese Spinne (eventuell farbig schraffieren) zeigt einzelne Imagekomponenten nach innen und außen, die positiv und knapp formuliert beurteilt werden können. Die Fläche der Spinne stellt das Image dar. Je größer die Fläche, desto besser ist das Image. Die Elemente, die positiv erscheinen, (Nr. 1, 2, 3, 8) müssen also durch CI-Maßnahmen weiter in ihrer positiven Wirkung bestärkt werden. Die weniger ausgeprägten Imagefaktoren müssen durch Maßnahmen vergrößert werden (Nr. 4, 5, 6, 7). Die Pfeile zeigen, wie die Gummibänder nach außen gezogen werden müssen. So kann die Imagearbeit dargestellt und verständlich erklärt werden.

▶ 2. Imageuntersuchung

Wählen Sie acht mögliche Imagekomponenten aus der vorangegangenen Übersicht selbst aus, die speziell für Ihr Unternehmen untersucht werden sollen, und/oder formulieren Sie eigene Fragen (eventuell Auswahl durch die Kartenabfragemethode). Bei der Formulierung der Fragen nicht positive und negative Fragen mischen, sondern besser nur positive Statements abfragen. Keine abstrakten, sondern möglichst verständliche und eindeutige Formulierungen benutzen (wenn die Fragen negativ bewertet werden, können in der nächsten Untersuchung dann noch genauere Fragen als Unterpunkte eventuell die Ursachen aufzeigen). Bei der Benutzung von gleichen Fragen in bezug auf unterschiedliche Zielgruppen können die Auswertungsfolien dann übereinander gelegt werden, um die Vergleichbarkeit und entsprechende Imagemaßnahmen zu diskutieren.

Wenn die Imagekomponenten vorher erarbeitet und dann vorgegeben werden, können die vorbereitenden Arbeitsschritte übergangen werden.

Bei der eigentlichen Untersuchung muß jeder die Fragen offen beantworten. Das kann durch verbale Abstimmung pauschal erfolgen, bis für alle acht Komponenten Kreuze auf die Folie gesetzt werden können. Nehmen Sie die entsprechende Hausfarbe des Unternehmens, um das Image in der konstruierten Spinne einzuzeichnen.

Für eine geheime Imagebewertung können die erarbeiteten oder vorbereiteten Fragen in einen Fragebogen eingetragen (als Fragebogen zur Imageanalyse) und für alle in der Kaffeepause kopiert werden. Die Auswertung der durchschnittlichen Antworten (Durchschnittswert berechnen) können vorbereitete Helfer auch in der Pause durchführen, so daß das Ergebnis recht schnell gezeigt werden kann.

▶ 3. Imageauswertung

Das Ergebnis muß nach Stärken und Schwächen, durch Vergleiche und Ergänzungen von anderen Analysen diskutiert werden. Maßnahmen für die Stärkung und Ausweitung/Entwicklung einzelner Imagekomponenten müssen im Rahmen eines CI-Konzepts aufeinander abgestimmt und nach Prioritäten geordnet werden. Ist-und Soll-Analysen (Visionen) können verglichen werden, damit die Zielrichtung für die Mitarbeiter deutlich wird. Auch schlechte Ergebnisse sollten offen besprochen werden, damit die gemeinsame Aufgabe angegangen werden kann. Diese Imageanalyse als Methode ist sehr wirkungsvoll und effizient. Sie kann flexibel der spezifischen Situation angepaßt und für spätere Untersuchungen verändert werden. Der Zeit-Kosten-Nutzen gibt eine Bestärkung für diese Vorgehensweise, die immer weiter vertieft und ergänzt werden kann. Selbst bei der Auswertung von Seminaren kann sie analog eingesetzt werden und zeigt richtige Bilder.

Durchführung eines Corporate-Design-Konzepts

Auch bei der Durchführung eines Corporate-Design-Konzepts muß auf die Unternehmensgrundsätze Bezug genommen werden. Sie müssen insgesamt oder teilweise aufgenommen oder umgesetzt werden. Das Leistungsspektrum der CI-Maßnahmen kann hier nur angedeutet werden und ist im Idealfall die Abfolge der einzelnen Aufbaustufen einer nachfolgend angedeuteten Konzeption:

- Formulierung der Firmenbezeichnung und ihre Abkürzung(en),
- Gestaltung des Namenszuges (Wort-Bild-Zeichen, Signet, Logo, Abkürzung, Farben), Einsatz- und Handhabungsregeln/Richtlinien (Manual),
- Festlegung der Strukturen, Schrifttypen, Typographie, Zeichen, Symbole,
- Fotografien, Hausfarben, Materialien, Formen usw.,
- Layout von Geschäftsbriefen/Geschäftspapieren,
- Layout von Veröffentlichungen (Hausschrift) und Prospekten,
- Layout von Ausstellungssystemen,
- innere und äußere Gestaltung der Unternehmensgebäude, Außennlagen, Kunst am Bau,
- Gestaltung der einzelnen Räume und Flure,
- Produkt-Design/Verpackungs-Design,
- Gestaltung des Fuhrparks.

Das Umsetzen der Unternehmensphilosophie in die Praxis darf nicht äußerlich bleiben oder gar Selbstzweck werden, sondern muß sich konkret in der Verbesserung für das Unternehmen und die Mitarbeiter/Mitarbeiterinnen niederschlagen. Ziel von CI ist die Verbesserung der Identität. Gestaltungsmerkmale für ein Corporate Design sollten im Rahmen eines GestaltungsKonzepts aufeinander abgestimmt sein, um die Einzelwirkung noch zu verstärken und Synergieeffekte zu schaffen. Ausgangspunkt für die Design-Zielsetzungen sind die Analysen und die Unternehmensphilosophie, die die Gestaltungsfaktoren für die Designer und Agenturen konkret vorgeben. Hier ist auch der

Übergang vom CI-Berater zum Design-Berater, der die entwickelten CI-Grundlagen in ein CI-orientiertes visuelles Erscheinungsbild (vgl. Abbildung 30) umsetzen muß. Diesen Aufgabenkatalog oder „Steckbrief" für den Designer nennt man Briefing. Er umfaßt alle bei der Gestaltung zu berücksichtigenden Faktoren:

1. **Zielgruppe(n) (ZG)**
    - Welche Wert- und Normvorstellung hat die ZG?
    - Welche Ansprüche und Interessen hat die ZG?
    - Welche Bedürfnisse hat die ZG?
    - Wie erlebt (als Wahrnehmung, Denken und Empfinden) und verhält sich die ZG?

2. **Produkt-Anforderungen (PA)**
    - Welche Funktionen hat das Produkt?
    - Wie wird das Produkt hergestellt?
    - Aus und mit welchen Materialien wird das Produkt hergestellt?
    - Wo wird das Produkt wie eingesetzt?
    - Wie wird das Produkt bedient/gehandhabt?

3. **Wirtschaftliche Anforderungen (WA)**
    - Welchen Preisrahmen gibt es?
    - Wo kann gespart, wo mehr Geld ausgegeben werden?
    - Welche Folgekosten gibt es?

4. **Gestaltungs-Anforderungen (GA)**
    - Welche Materialien, Strukturen, Formen, Farben sollen oder können eingesetzt werden?
    - Welche Wirkungen sollen wann bei wem erzielt werden?
    - Welche Wirkungen sollen hervorgehoben beziehungsweise verstärkt werden?
    - Welche Einzel-/Gesamtwirkungen/Gestaltungskonzepte sollen miteinander verbunden werden?
    - Welches Gesamterscheinungsbild (Image) soll entwickelt, erreicht oder angestrebt werden?

Übersicht möglicher Träger des visuellen Erscheinungsbildes:

Drucksachen

Briefbogen und Zweitblatt	Einladung
Faxbogen	Gutschein, Garantiekarte
Formulare und Vordrucke	Urkunde
Kurzmitteilung	Vertrag
Postkarte	Geschäftsbedingungen
Beilagekarte	Verkaufsinformation
Aufkleber	Prospekte, Kataloge
Umschlag	Broschüren
Stempel, Freistempler	Geschäftsbericht
Rundschreiben	Jubiläumsschrift
Preisliste	Packungen, Verpackungen
Gebrauchsanweisungen	Packpapier, Klebeband
Neujahrskarte	Tragetasche
Glückwunschkarte	

Werbung und Öffentlichkeitsarbeit

Angebotsmappe	Bilanzanzeige
Produktinformation	Hauszeitschrift
Plakate	Anstecknadel
Zeitungsbeilage	TV-Werbung, Rundfunk-Werbung
Personalanzeige	Schulungs- und Kundenfolien
Produktanzeige	

Außenwerbung

Leuchtschrift	Orientierungssystem
Transparente	Farbcodierung
Außenschilder	Innenraumgestaltung
Fahnen	Kleidung
Schaufenster, Schaukästen	Vertreterwagen
Architektur	Lieferfahrzeuge
Architekturkonzept	Bandenwerbung
Gebäudezeichnung und -beschriftung	Verkehrsmittel-Werbung

Besondere Maßnahmen

Messekonzept	Produktgestaltung und -beschriftung
Ausstellungssystem	Werbegeschenke

Abbildung 30: Aufbau eines visuellen Erscheinungsbilds

Bei der Durchführung des Gestaltungsprozesses ist ein entsprechender Ablauf notwendig:
1. Problem-/Ist-Analyse,
2. Soll-Analyse/Zielsetzung/Unternehmensphilosophie, Unternehmensgrundsätze,
3. Briefing als grundsätzliche Aufgabenstellung,
4. Entwurf und Planung der einzelnen Maßnahmen,
5. Präsentation und Feinabstimmung der Ergebnisse,
6. Genehmigung der Corporate-Design-Maßnahmen,
7. Realisation der Corporate-Design-Maßnahmen,
8. Controlling (Kontrolle + Steuerung + Innovation).

Erst damit werden die guten Einzelwirkungen noch besser abgestimmt und verstärkt.

Folgende Aspekte bilden die Basis für ein Corporate-Design-Konzept:

- Firmenzeichen (Wort-Bild-Zeichen, Signet, Logo),
- Schriftzug (mit variablen Größen),
- Hausfarben (mit Einsatzbeispielen),
- Typographien/Schriftentypen, Textgestaltung,
- Gestaltungsraster/Layoutrahmen,
- Grafikraster,
- Foto- und Illustrationsraster,
- Video (Richtlinien, Beispiele),
- Slogan(s) (Einsatz, Beispiele).

Die Gestaltungsrichtlinien müssen genau definiert werden und für diese Organisation spezifisch sein, damit sie sich zu anderen Organisationen abgrenzt.

Dieses unverwechselbare Erscheinungsbild wird einheitlich angewendet, muß andererseits aber auch für unterschiedliche Einsatzbereiche flexibel und variationsfähig sein. Damit alle Mitarbeiter es auch wirklich einsetzen, muß es sehr genau, transparent und handhabbar konzipiert sein.

Das visuelle Erscheinungsbild einer Organisation/eines Unternehmens und alle kommunikativen Elemente und Maßnahmen sind somit harmonisch in ihren Wirkungen aufeinander abgestimmt. Sie ergänzen sich und schaffen dadurch in ihrer Ganzheitlichkeit Synergieeffekte. Grundlage dafür ist ein CD-Konzept, das auf das CI-Konzept und die Unternehmensphilosophie/die Unternehmensgrundsätze abgestimmt ist.

Entwicklung von Gestaltungsgrundsätzen

Im Anschluß an die Analyse der bestehenden Unternehmenskultur (Ist-Zustand) und die festgelegten Unternehmensziele (Soll-Zustand) können zusammen mit einem CI-Berater CI-Richtlinien sowie eine CI-Konzeption entwickelt werden. Diese stellen, ähnlich einer Verfassung, Leitlinien für das Erscheinungsbild des Unternehmens nach innen und außen, das heißt gegenüber den Mitarbeitern und den Kunden (der Öffentlichkeit), dar.

Für die Entwicklung der Gestaltungsgrundsätze des visuellen Erscheinungsbildes

▶ sind die CI-Konzeption/die CI-Richtlinien die Basis,

▶ sind die Mitarbeiter und die Kunden (die Öffentlichkeit) die Zielgruppe,

▶ ist die erste Maßnahme die Erarbeitung einer Corporate-Design-Konzeption mit entsprechenden Richtlinien und Gestaltungsgrundsätzen für das Unternehmen,

▶ sind Wort-Bild-Zeichen, Drucksachen, Werbung und Öffentlichkeitsarbeit die Träger.

Aus den formulierten Unternehmensgrundsätzen/der Unternehmensphilosophie können durch die Rasteranalyse allgemeine Corporate-Design-Richtlinien für das Unternehmen entwickelt werden. Durch die reduzierte Beschreibung des Gesamterscheinungsbildes und die negative Abgrenzung, wie man nicht erscheinen will, können durch diese Analyse konkrete Zielsetzungen des visuellen Erscheinungsbildes formuliert werden. Diese sind auf alle Träger der visuellen Kommunikation einheitlich zu übertragen (vgl. dazu Abbildungen 31 und 32).

1.	EINFACH	ist verständlich und wirkungsvoll. (Zum Beispiel Redundanz ist um so wichtiger, je unspezifischer die Zielgruppe ist.)
2.	WENIGER	wirkt mehr. Mut zum freien Raum – es zeigt Stärke. (Zum Beispiel zu viele Informationen verwirren und können nicht wahrgenommen werden.)
3.	FARBIG	wirkt besser. Aufmerksamkeit und emotionale Ansprache ist größer. (Zum Beispiel Farbe als Assoziation zum Produkt/-bereich verstärkt die Orientierung und Beziehung.)
4.	PLAZIERT	ist direkt im Blickfeld und hebt sich vom Umfeld deutlicher ab. (Zum Beispiel ist die Gestaltfestigkeit aber wichtiger als die Plazierung.)
5.	DIREKT	spricht man die Zielgruppen erfolgreicher an. (Zum Beispiel ohne Umwege und unwichtige Ergänzungen.)
6.	ANSPRECHEND	bringt Aufmerksamkeit und emotionale Akzeptanz bei den Zeilgruppen. (Zum Beispiel Anreize, Spannungen, Dynamik, Identifikation, positive Vorstellungen, Vertrauen, Sicherheit ...)
7.	KONZENTRIERT	hebt die wesentlichen Aussagen heraus, die damit eine größere Wirkung haben. (Zum Beispiel Verdichtung, Vereinfachung, Beschränkung, Prägnanz, Gliederung, Auswahl, Gestaltfestigkeit, Gewichtung ...)
8.	KONGRUENT	vermehrt den Wahrnehmungswert. (Zum Beispiel Text, Bild, Schrift und Farbe passen zueinander und ergänzen sich zu einem Synergieeffekt.)
9.	INNOVATIV	schafft „Aha-Erlebnis" und neue Bezüge und damit größere Wirkungen. (Zum Beispiel Innovationen und Kreativität dürfen aber auch nicht überfordern oder langweilen; sollen auffallen durch „Anders-Sein"; sollen ein eigenes Profil aufbauen.)
10.	KONTINUIERLICH	signalisiert Bekanntheit, Vertrauen und Identität. Zeigt Stärke durch Konzepte. (Zum Beispiel Gesamt-Konzeption bringt größere Wirkung und Erfolg.)

Abbildung 31: Gestaltungsgrundsätze für das visuelle Erscheinungsbild

Corporate-Communication-Konzeptionen: Marketing, Organisationsentwicklung, Öffentlichkeitsarbeit, Verkauf, Kommunikation

Corporate Communication ist die strategisch orientierte Kommunikation nach innen und außen mit dem Ziel, die Einstellungen der Öffentlichkeit, der Kunden und der Mitarbeiter/Mitabeiterinnen gegenüber dieser Organisation/diesem Unternehmen zu beeinflussen oder zu verändern. Mittel dazu sind Public Relations (PR), Werbung, Mitarbeiterschulungen und -informationen sowie Öffentlichkeitsarbeit.

Werbung wird dabei als eine Kommunikation, die auf die Organisation bezogen ist, verstanden, nicht als reine Produktwerbung, sondern als Imagewerbung. Die Unternehmenskommunikation soll dafür sorgen, daß das Bild vom Unternehmen, wie es in den Vorstellungen der Menschen existiert, auch tatsächlich nach den Wünschen des Unternehmens ausfällt (Fremdbild und Selbstbild sollen möglichst übereinstimmen).

Corporate Communication hat das Ziel, durch eine strategische Kommunikation diese Ein- und Vorstellungen in bezug auf die Organisation zu bestärken und/oder zu verändern. Ziel ist es, möglichst viele Synergiefelder zu schaffen. Corporate Communication koordiniert und integriert alle wichtigen kommunikativen Maßnahmen, ist also nicht nur einfach Werbung und Reklame.

Die Corporate Communication geht von den Grundlagen der Unternehmenskultur, den CI-Richtlinien und/oder der Unternehmensphilosophie aus. Durch diese Maßnahmen werden die Grundregeln erst gelebt und ihre Wirkungen ausgelöst. Corporate Communication nimmt auch Bezug auf das Corporate Design.

Aufbauend auf die Interaktionen der Unternehmenskultur (Auftreten, Führungsstil) und das spezifische visuelle Erscheinungsbild (Corporate Design), kommen durch die Corporate Communication noch Kommunikationen (durch Maßnahmen, Projekte und Wirkungen nach innen und außen) hinzu und verbinden alle Einzelmaßnahmen und Facetten von CI zu einem einheitlichen und gemeinsamen Eindruck von einer Organisation.

Was gehört zur Corporate Communication?

Die Vielzahl und Unterschiedlichkeit der einzelnen Elemente einer Corporate Identity zeigen die große Spannbreite der Kommunikationsmaßnahmen und Aspekte, die aber erst in ihrer Gesamtheit die Gesamtentwicklung des Unternehmens bewirken.

Zum Corporate-Communication-Konzept gehören insbesondere:

1. die *Marketingkommunikation*
   - allgemeine Regeln und Grundsätze (Bezug zur Unternehmensphilosophie),
   - Zielsetzung (auch in den einzelnen Marketingbereichen) und Zielgruppen,
   - allgemeine Strategie und Art des Auftritts, des Erscheinungsbildes, Slogan, zentrale Aussage, Gestaltungsrichtlinien aus dem Corporate Design,
   - besondere Aussagen, Wirkungen, Maßnahmen, Medien, Regionen usw.

2. die *Unternehmenskommunikation*
   - Informationsschriften und Info-Blätter/Ablagen für Mitarbeiter,
   - Betriebsausflüge, Betriebsversammlungen, Betriebsfeste, Jubiläen, Sportfeste, Ehrungen und Geburtstage für Mitarbeiter, Betriebsprojekte,
   - Betriebsklima, Sozialräume, Sozialleistungen, Freizeiträume,
   - Zusammenarbeit der Abteilungen, Meeting, Quality-Circle, Team-Management, Job-Rotation,
   - Arbeitsplatzbeschreibung,
   - Mitarbeiterführung, Personalentwicklung, Aus- und Weiterbildung, Verkaufsschulung, Telefonschulung u. a.

3. die *Öffentlichkeitskommunikation*
   - Unternehmensinformationen (Presseberichte, Anzeigen, Geschäftsberichte, Jubiläen, Chronik, Imagebroschüren, Videofilme, Diaserien, Computeranimationen, Multivisionsshow),
   - Geschäftsdrucksachen allgemein,
   - Architektur innen und außen,
   - Fahrzeugpark mit Beschriftung,

- Produktinformation/-werbung,
- Personalwerbung,
- Werbekonzeption (Zielgruppe, zentrale Aussage, Art des Auftritts, Gestaltungsrichtlinien, Medien, Intensität nach Größe und Häufigkeit, Budget),
- Telefondienst,
- Vertriebs-Auftreten,
- Kundendienst-Auftreten,
- Partner für die Zusammenarbeit,
- Sponsoren.

Profit durch Profil

Vom Produkt zur Profilierung durch eine kundenorientierte Unternehmenskultur.

Verkaufen ist keine isolierte Tätigkeit, sondern eingebunden in die Firmenkultur und unternehmerische Gesamtwirkung (Corporate Identity). Die Verkaufsabteilung ist nicht das ganze Unternehmen, aber das ganze Unternehmen sollte eine Verkaufsabteilung sein, da es beim Verkauf mitwirkt!

Wie kann unser Unternehmen noch erfolgreicher werden? ist die entscheidende Frage auch für den Verkauf, den Vertrieb oder den Fachhandel. Die Nachfrage des Marktes ist abgeflaut und der Wettbewerb noch härter geworden: Es wird immer wichtiger, sich von seinen Mitbewerbern zu unterscheiden und sein spezifisches Profil zu entwickeln, das nach innen und außen dargestellt und wirken soll. Die Produkte als Ausgangsbasis für alle Unternehmen ähneln sich in ihren Funktionen, im Ergonomie- und Qualitätsvergleich, im Design und auch im Preis immer mehr; auch die Marketing- und PR-Elemente gleichen sich manchmal schon. Wie können wir dann unsere besondere Kompetenz herausstellen und dadurch langfristig unseren Erfolg stabilisieren und ausbauen? Gefragt ist ein Marketing-Konzept, das mit professionellen und profilierten Personen alle Maßnahmen des Unternehmens zusammenfaßt, in ihren Wirkungen verstärkt und somit dem Unternehmen ein spezifisches und persönliches Profil gibt.

Entscheidende Grundlagen sind gute Produkte oder Dienstleistungen von hoher Qualität (Produkt), die aber heute allein überhaupt nicht ausreichen. Die Marktanalysen (der Vergleich der Produkte durch Benchmarking hilft die spezifische Abgrenzung zu Mitanbietern zu finden; vgl. Abbildung 32) zeigen, daß das Anforderungsprofil an den Fachhandel, Vertrieb oder Verkauf immer stärker vom Faktor Persönlichkeit der Mitarbeiter geprägt wird. Das bedeutet, daß die Faktoren um das Produkt herum (Software) gerade in Zukunft die letztendliche Bedeutung haben werden. Dazu gehören die Darstellung der Produkte, die Verbindung von Produktgruppen und der Service (Produkt, Auftreten und Präsentation des Unternehmens und das Auftreten im Markt (Promotion), das Auftreten und Verhalten der Manager und Mitarbeiter, die Persönlichkeit des einzelnen und die Unternehmenskultur (Profil), um dadurch mehr und langfristigen Erfolg zu haben (Profit). Aus der Kommunikationstheorie wissen wir ja, daß der Beziehungsaspekt den Inhaltsaspekt bestimmt, daß Wirkungsfaktoren bestimmend sind, daß das Verhalten der Mitarbeiter den Gesamterfolg bestimmt. Vom Produkt zur Promotion, vom Profil zum Profit – alle Einzelwirkungen eines Unternehmens zusammen ergeben die Gesamtwirkung nach außen (Corporate Image), das durch eine Corporate-Identity-Konzeption (PRO-CI) aufgebaut und entwickelt werden kann.

Mitbewerber und eigenes Unternehmen	U1	U2	U3	U4	Eigenes Unternehmen	Veränderungen
Produktvergleich						
Materialien						
Funktionale Eigenschaften						
Produktdesign						
Marketing						
Verpackung						
Preis						
Service						

Abbildung 32: Benchmarking: Produktvergleich

Dieses Corporate Image ist letztlich entscheidend für den Erfolg des Unternehmens, wenn es von der Mitarbeiterschaft getragen und gelebt wird: Profit durch Profil. Profilierung durch Corporate Identity!

Der einzelne als Botschafter des Unternehmens

Corporate Identity, als die Identität und das Image des Unternehmens, ist heute Grundlage für den Erfolg – besonders im internationalen Markt und in schwierigen Märkten. Gefordert ist die Gesamtwirkung des Unternehmens als Corporate Image und das erfordert eine ganzheitliche Corporate Identity. Das Verhalten der Mitarbeiter untereinander und während ihrer Arbeit darf nicht im Gegensatz zum Verhalten und Auftreten nach außen stehen. Das Verkaufen im Rahmen dieses ganzheitlichen Denkens des Marketings ist also keine isolierte Tätigkeit, sondern es ist eingebunden in die Wirkung des Unternehmens. Diese einheitliche Unternehmensidentität nach innen und außen verbessert

▶ die Identifikation des Verkäufers mit seinem Unternehmen und seiner Aufgabe und damit sein Verkaufsverhalten,

▶ die Wahrnehmung des Unternehmens und seiner Produkte und damit die Kooperation mit den Kunden,

▶ die Wettbewerbsdifferenzierung auf dem Markt und damit den Absatz der Produkte durch Vernetzung und Kooperation einzelner Ansätze, Projekte und Synergieeffekte,

▶ das allgemeine Erscheinungsbild des Unternehmens und das Image in der Öffentlichkeit, was die anderen Wirkungen noch verstärkt,

▶ durch diese ganzheitliche Unternehmensführung und Präsentation den Erfolg des Unternehmens: Profit durch Profil!

Jedes Unternehmen sollte sein eigenes spezifisches Profil als Gesamtwirkung des Unternehmens entwickeln und deutlich und einheitlich zeigen. Durch eine ganzheitliche CI werden damit neue Profil-Felder besetzt. Verkaufs- und Vertriebsabteilungen, die im Rahmen einer CI-Konzeption arbeiten, sind somit nachweislich erfolgreicher als andere. Der Erfolg beim Verkaufen und auch beim Anbieten von Dienstleistungen wird dabei in erster Linie durch die Persönlichkeit gesteuert. Das Profil der Unternehmenspersönlichkeit und das der Mitarbeiterpersönlichkeit stehen in Wechselbeziehungen zueinander. Beide bedingen einander und sollten nicht gegeneinander arbeiten. In der Gesamtwirkung sind sie noch besser, wenn sie aufeinander abgestimmt sind. Es ist also wichtig, daß der einzelne Mitarbeiter nicht mehr nur isolierte Produkte anbietet, sondern Produktgruppen, Sortimente, Service und das ganze Unternehmen präsentiert, die vorhandenen Kontakte nutzt und Informationen über das ganze Unternehmen verbreitet, um eine positive Einstellung gegenüber dem Unternehmen zu erreichen und auch auf andere Verkaufsansätze, Dienstleistungen und Möglichkeiten hinzuweisen. Besondere Aspekte der Unternehmenskultur sollten dabei zur besseren Profilierung hervorgehoben werden. Das ganze Unternehmen muß den Kunden einheitlich mit einer Stimme ansprechen. Im Augenblick des Kundenkontakts sind *Sie* die Visitenkarte, der Botschafter des Unternehmens und präsentieren das gesamte Unternehmen. In Ihrer persönlichen Präsentation dem Kunden gegenüber sind *Sie* entscheidend für den Eindruck vom Unternehmen und die Kundenzufriedenheit und damit entscheidend für den Erfolg Ihres Unternehmens.

Erfolg = Profilierung und Promotion = Identität und Image = Corporate Identity

Von der Kundenorientierung zur Kundenzufriedenheit

Kunde droht mit Auftrag! hieß es früher in der DDR, aber was ist eigentlich ein Kunde? Ein Kunde ist also nicht eine Unterbrechung unserer Arbeit, sondern ihr Sinn und Zweck, ist die wichtigste Person in unserem Unternehmen, ist nicht jemand, mit dem man ein Streitgespräch führt oder seinen Intellekt mißt, sondern es ist ein Mensch, der uns seine Wünsche bringt. Unsere Aufgabe ist es, diese Wünsche gewinnbringend für ihn und uns zu erfüllen. Wir müssen also weg von der traditionellen Vorstellung eines Käufers, mit dem wir nur sach- und technikorientiert umgehen: Nicht einfach produzieren und dem Kunden das Beste anbieten, sondern das produzieren, was der Kunde braucht. Behandeln *Sie* den Kunden auch als Menschen und beziehen Sie ihn aktiv in das Unternehmen und die Produktentwicklung mit ein. Alle Maßnahmen des Unternehmens sollten direkt auf den Kunden und seinen direkten Nutzen ausgerichtet werden. Das Ziel dieser Kundenorientierung ist die Kundenzufriedenheit, und die ist direkt planbar, meßbar und kontrollierbar (vgl. Abbildung 33). Dieses Verhalten der erfolgbringenden Kundenorientierung sollte nicht nur extern, sondern im Rahmen des ganzheitlichen Denkens auch intern zwischen Kollegen, Teams und Abteilungen praktiziert werden.

Verhalten zum Kunden

Das Verhalten der Menschen wird durch ihre Emotionen bestimmt. Die Menschen entscheiden sich nicht nach dem, wie es ist, sondern nach dem, wie sie meinen, daß es sei. Kunden entscheiden sich nicht nur nach Sach- oder Inhaltsaspekten (Funktionen, Technik, Preis), sondern nach ihren Eindrücken, Erlebnissen und Emotionen. Dieser Beziehungsaspekt ist entscheidend und setzt sich zusammen aus Abbildungen und Vorstellungen vom Produkt und der Beziehung zu diesem. Der Verkäufer muß also nicht allein die technischen Aspekte verdeutlichen, sondern vielmehr versuchen, eine Beziehung des Kunden zum Produkt aufzubauen, und das geschieht am besten durch sein Verhalten, das dabei vermitteln kann. Sein Verhalten dem Kunden gegenüber schafft dem Kunden die Möglichkeit, sich ein positives Bild vom Produkt zu machen und eine positive Beziehung dazu aufzubauen. Gerade wenn sich die Produkte gleichen oder die Kunden sich nicht entscheiden können, ist das Verkäuferverhalten entscheidend. Auch die Langfristigkeit des Kundenkontaktes geht auf das Verhalten zurück. Die Bedeutung des Verkäuferverhaltens wird häufig unterschätzt: Im Durchschnitt sind mehr als 60 Prozent der Kaufentscheidungen auf das Verhalten der Verkäufer zurückzuführen! Dabei ist zu beachten, daß das Einzelverhalten nur ein Teil des gesamten Auftretens und der Präsentation des Unternehmens ist und somit der Durchschnittswert eigentlich viel höher angesetzt werden müßte.

Leitfrage: Was kann ich/können wir tun, damit die Kunden/Kooperationspartner zufrieden sind?

	Grundsätze	Praktische Umsetzungen, Beispiele	Fehler
1.	Kundenzufriedenheit planen, erfüllen und kontrollieren	- Vertrauensvoll zusammenarbeiten - telefonisch anmelden - Ansprechpartner mit Namen ansprechen - Fragen, auf seine Wünsche und Bedürfnisse eingehen - Ersatzteile vorrätig haben - Infos und Trends weitergeben - pünktlich und zuverlässig sein - sich mit seinem Problem identifizieren und ggf. im Werk für Klärung sorgen und Rückinfo - Perspektiven aufzeigen	- Ausreden suchen - mit Problemen allein lassen - ohne Daten Infos geben
2.	Maßnahmen direkt auf die Kunden ausrichten. Wir machen das, was die Kunden brauchen!	- Kundenumfragen durchführen und auswerten - Kunden auch ohne Probleme besuchen (Streicheleinheiten) - grundsätzlich entscheidet bzw. bestimmt der Kunde nicht der Lieferant - der Kunde muß nicht nehmen was wir ihm anbieten, wir müssen ihn überzeugen	- nur „Fertigangebote" anbieten - unflexibel
3.	Kunden direkt ansprechen und in Überlegungen und Aktivitäten direkt einbeziehen. Betroffene beteiligen!	- Nutzen und Ziele klarstellen - ins Gespräch kommen, was ist sein Anliegen - Entscheidungsfrage stellen, so gehen wir vor - besondere Kundenbeziehung, Vertrauen herstellen - Angebot verdeutlichen - Was wollen wir? - Kunden positiv ansprechen, freundlich - das Gute betonen - mit Namen ansprechen	- zu wenig Informationen - Unklarheiten belassen
4.	Kunden persönlich behandeln, menschlich achten und sich selbst persönlich einbringen	- besondere Behandlung des Kunden, über die übliche Betreuung hinaus/persönlich, familiär dem Kunden die Gewißheit geben, daß er wichtiger Geschäftspartner ist - ihn als Kunde König anerkennen - offen und ehrlich mit ihm reden - sich persönlich öffnen	- eigene Vorteile suchen - Kunden unpersönlich behandeln
5.	Arbeitsweise effektiv, flexibel, zuverlässig, freundlich gestalten	- angenehme Atmosphäre - Offenheit - Kooperationsbereitschaft, auf Kundenwünsche eingehen - Absprache - Information - gute Vorbereitung	- keine oder ungenaue Absprachen - Egoismus - schlechter Informationsfluß - zu autoritär - schlechte Vorbereitung - Unzuverlässigkeit

Abbildung 33: Zehn Grundsätze zur Kunden-Zufriedenheit

Grundsätze	Praktische Umsetzungen, Beispiele	Fehler
6. Qualität der Arbeitsleistung/ des Produkts zur Wirkung bringen	– Arbeitserfolg herausstellen vorher – nachher – Lob vom Kunden aufgreifen – Kundennutzen herausstellen – besondere Kundenbeziehung herausstellen – Qualitätszuwachs verdeutlichen – Perspektiven aufzeigen – Wir wollen, daß sie zufrieden sind/werden/bleiben	– sich kleinmachen (Ich bin ja nur ...) – Qualität und besonderen Nutzen nicht ansprechen
7. Kritik, Beschwerden und Reklamationen annehmen	– auf einen Nenner kommen – Tatsachen herausstellen – Informationen erfragen – unvoreingenommen sein, ernst nehmen (bei Wiederholungen) – Rückmeldung sofort, nicht aufschieben – Antwort zustellen – Maßnahmen veranlassen	– Kritik nicht aufnehmen und abwehren – Schuldzuweisungen an Kunden geben
8. Direkten Kundennutzen/ Kundenwunsch herausfinden, verdeutlichen und erfüllen, Mitdenken und eigenen Nutzen suchen	– zuhören, Aufmerksamkeit, Hinweise, Ideen alternative Entscheidungshilfen in Entwicklung einbeziehen – Bedürfnispyramide – Situationen im Betrieb erkennen, erklären – Parallelen schaffen – gemeinsame Ziele herausstellen – Bei nächstem Gespräch bzw. Besuch auf frühere Äußerungen eingehen – Flexibilität, Fragen	– nicht auf Kunden eingehen
9. Corporate-Identity-Grundsätze/ -Richtlinien beachten, gebrauchen und einsetzen: Identifikation und Image	– die Kundenzufriedenheit herauszufinden (ist Grundsatz) – durch Gespräche herausfinden, was der Kunde will – Vorschläge zur Verbesserung seiner Produktion – freundlich; Beziehung aufbauen – sachlich bleiben; keine Emotionen keine Entschuldigung suchen, Tatsachen aufzeigen – Kunden zustimmen und loben (guter Betrieb/ausgewählt für) – einzelne Abteilungen abstimmen – sich zuständig fühlen, weiterleiten (sich kümmern um)	– CI-Richtlinien nicht ansprechen und persönlich umsetzen – sich nicht persönlich identifizieren
10. Kundenkontakt pflegen, vertrauensvolle Kooperation und gemeinsamer Erfolg: MITeinander	– Vertrauensvoll zusammenarbeiten – telefonisch anmelden – Ansprechpartner mit Namen ansprechen – Fragen, auf seine Wünsche und Bedürfnisse eingehen – Ersatzteile vorrätig haben – Infos und Trends weitergeben – pünktlich und zuverlässig sein – sich mit seinem Problem identifizieren und ggf. im Werk für Klärung sorgen und Rückinfo – Perspektiven aufzeigen	– Ausreden suchen – mit Problemen allein lassen – ohne Daten Infos geben

Abbildung 33: Zehn Grundsätze zur Kunden-Zufriedenheit (Fortsetzung)

In der Tendenz verkaufen die Unternehmen keine Produkte, sondern vielmehr ihr Verhalten: das Verhalten untereinander, den Mitarbeitern, den Kooperationspartnern und den Kunden gegenüber. So wie *Sie* sich verhalten, so verkaufen Sie auch.

Ausgangsbasis ist also das Verhalten, vom Erscheinungsbild über die Kontaktaufnahme bis hin zum Auftritt. Das Vorgehen beim Kundenkontakt kann durch die AIDA-Formel konkretisiert werden: **A** wie Aufmerksamkeit wecken, Anlässe aufnehmen, Akzeptanz schaffen; **I** wie Interesse wecken; **D** wie direkte Bedürfnisse und direkten Nutzen verdeutlichen; **A** wie Aktionen, Handlungen, Anfangen mit konkreten Entscheidungen und Maßnahmen. Das nächste Ziel ist Verstehen, und das heißt kundenorientierte Gesprächsführung, aktives Zuhören, persönlicher Kontaktaufbau, sensible Fragetechnik und Einwandbehandlung. Welche Wünsche hat der Kunde und durch welchen direkten Nutzen können sie erfüllt werden? Bevor es zum eigentlichen Verkaufen kommt, muß erst das Vertrauen aufgebaut werden. Das ist die Grundlage für alle guten Entscheidungen, die auch längerfristig Bestand und Erfolg haben sollen. Sind *Sie* also offen, menschlich und persönlich, bringen Sie sich selbst mit Ihrer Persönlichkeit und Kompetenz ein. Wenn *Sie* nicht begeistert sind von Ihrem Produkt oder Ihrer Dienstleistung und *Sie* nicht selbst Freude an diesem Kundenkontakt haben, wird auch der Kunde nicht begeistert sein. „Egal, was Du tust, mache es mit Begeisterung!", dann wird der Begeisterungsfunke auch auf den Kunden überspringen können. Vertrauen schaffen heißt auch, eigene Fehler offen eingestehen, dem Kunden Irrtümer, Vorurteile und Fehler zugestehen, seine Ängste und Widerstände ernst nehmen. Vertrauen schaffen bedeutet vielleicht auch, einmal nicht zum Verkauf zu kommen.

Über das Verhalten, Verstehen und Vertrauen zum Verkaufen, das ist die richtige Verkaufserfolgsleiter! Das ausschließliche Verkaufen kann schnell zum Verlieren werden. Das vertrauensvolle Verkaufen ist für beide Seiten von Nutzen: Es hilft nicht nur dem Kunden zu besseren Entscheidungen, sondern bringt auch dem Verkäufer mehr Wohlbefinden und Identität mit seiner Arbeit und dadurch mehr Leistungsfähigkeit und Qualität, was natürlich auch dem Unternehmen dient. Das Unternehmen kann diese Synergieeffekte durch Verkaufs- und Vertriebsschulungen entwickeln, durch entsprechende Konzeptionen

(Corporate-Communication-Konzepte, Vertriebs- und Marketingkonzepte, PR- und Werbekonzepte) unterstützen und aufbauen, um eine kundenorientierte Unternehmenskultur als Grundlage zu bieten. Bestimmend ist aber die Führungskultur des Unternehmens, da sie das Verhalten top-down beispielhaft und vorbildlich vorlebt. Das Lernen durch Vorbilder ist immer noch sehr wichtig: Das Führungskräfteverhalten ist immer Maßstab für das Klima der Kundenbeziehung. Nur ein durchgängiges und ganzheitliches Verhaltenskonzept kann also eine hohe Kundenzufriedenheit schaffen! Leitspruch für alle Beteiligten: „Nur wer selbst brennt, kann andere entzünden." (Augustinus)

CI-Marketing: Erfolgreiches Verkaufen

Verstehen und Vertrauen sind Grundlagen für ein erfolgreiches Verkaufen! Die Person des Verkäufers ist der wichtigste Faktor, der über Erfolg und Mißerfolg entscheidet. Die persönliche Kompetenz der Verkäufer kann durch ein Verkaufstraining entwickelt und aufgebaut werden. Je mehr sich die Produkte gleichen in bezug auf Design, Funktion und Preis, desto entscheidender ist das Verkaufsgespräch. Im Kern reduziert sich ein erfolgreiches Verkaufen auf das kompetente Führen von Gesprächen. Das Produkt allein mit seinem konkreten Nutzen für den Kunden ist nicht allein entscheidend für den Verkaufserfolg, es muß vielmehr dem Kunden direkt angeboten, präsentiert und entsprechend zielgruppenspezifisch verkauft werden. Dabei trägt das ganze Unternehmen zum Verkaufserfolg bei: die Produktion, die Verwaltung, das Marketing und der Vertrieb.

Ein erfolgreicher Verkäufer wird durch folgende Eigenschaften und Kompetenzen zu einem persönlichen Profi:

1. *Gepflegtes Gesamtbild:* Anpassung der Außendienstmitarbeiter an den Kunden beziehungsweise an die Situation. Angenehmes, aber nicht übertriebenes Erscheinungsbild. Pünktlichkeit, Zuverlässigkeit.

2. *Fundierte Fachkenntnisse:* Sachkompetenz (Produkt), Fachkompetenz (Markt, Branche, Objekte), Strategien, Projekt-Management, Methoden.

3. *Ansteckende Ausstrahlung:* positive Grundeinstellung, zu Kunden persönlichen Kontakt schaffen, Motivation, Anlässe aufnehmen, Freundlichkeit.

4. *Konkrete Kundenorientierung:* Erwartungsprofil entwickeln, dem Kunden nicht das Produkt verkaufen, sondern den direkten Nutzen, die Problemlösung, Vorteile, Zufriedenheit, Erfolg.

5. *Produktiver Problemlöser:* Erwartungen aufnehmen, Probleme und Interessen gemeinsam lösen (Strategie, Alternativen, Vorgehen, Unterstützung).

6. *Betreuender Berater:* kurz- und längerfristig Kontakt aufnehmen und halten, ausbauen, betreuen, beraten, vermitteln: mehr als verkaufen.

7. *Zielorientierter Zuhörer:* aktives Zuhören, Blickkontakt, Pausen, Kaufimpulse, Feedback geben, Ziele angehen und durchsetzen, Fragetechnik, Einwände.

8. *Sicherer Selbstmanager:* Sozialkompetenz (sich in andere hineinversetzen), Kontakte herstellen, sich selbst gut managen (Zeit, Ordnung, Fähigkeiten).

9. *Profilierter PR-Mann:* akzentuiert Informationen und Imagemaßnahmen als Unterstützer einbauen, das ganze Unternehmen vertreten, CI leben.

10. *Verständnisvolles Vertrauen:* Verstehen, Verständnis, Verbindlichkeit, Vorbild, verwalten, vernetzen, verkaufen und Verbindung halten beziehungsweise ausbauen.

Im Produktmarketing wird ein einheitlicher Marktauftritt erreicht durch

▶ Zielfindung (gemeinsame Grundlage durch CI),

▶ gemeinsame Entwicklung der Marketing-Konzeption (Marketing-Konzept, Team-Entwicklung, Positionierung am Markt, Produkteinführung ...),

▶ ganzheitliche Vorgehensweise/Strategie (Kraftfeld-Analyse),

- intensive Kundenansprache und Betreuung (Fachhändler, Endkunden, Kundenunterlagen, Schulungen, Events, direkten Kundennutzen ...),
- synergetische Imagebildung (VIP-Events, regionale Events, Medien-Multiplikatoren, Top-Kunden, Öffentlichkeitsarbeit, PR ...),

für das Produkt argumentiert durch

- Produktkenntnisse (einheitliche Unterlagen),
- Herausstellen der Vorteile, Neuerungen und des besonderen Nutzens,
- Vergleiche zu Mitbewerbern (Besonderheiten, Innovationen und Benchmarking),
- spezifisches Produktprofil erarbeiten,
- Zielgruppendefinition und Ansprache.

und für das Produkt im Verkaufstraining herausgestellt:

- Verkaufstraining für Kundengespräche
- Kundenorientierung und Kundenzufriedenheit
- Aufnehmen der Widerstände und Probleme (Rasteranalyse)
- Übungen und Präsentationen
- Personal-Coaching (individuelle Verkäuferbetreuung)

9

CI und was dann? Selbst-Controlling, lernende Organisation und permanente Veränderungsprozesse

„Corporate Identity? Das ist eine ganz schwierige Sache!"

Das ist ja alles schön und gut, aber wenn ich das so betrachte, dann ist das alles sehr schwierig! Das ist in der Praxis ein sehr, sehr schwieriger Prozeß! Und das dauert ja auch viele Jahre. Wir haben sowas schon mal versucht, haben aber schlechte Erfahrungen gemacht besonders mit dem oberen Management, die uns das hätten vormachen sollen. Geändert hat sich eigentlich nichts! Angenommen, es würde funktionieren, dann ist es doch meistens nur ein Anfangserfolg, und was dann? Corporate Identity – und was dann?

„Was bleibt denn eigentlich übrig, welchen Erfolg kann man meßbar nachweisen? Was bringt uns CI eigentlich an konkretem Nutzen? Welche Ziele und Projekte sind wann fertig und wie kann man nachweisen, daß der mögliche Erfolg auf CI zurückzuführen ist?"

Das sind die entscheidenden Fragen, die immer wieder gleich am Anfang gestellt werden, bevor die Grundlagen und Methoden eines CI-Prozesses erläutert werden. Meistens werden gerade diese Fragen von Führungskräften eingebracht, die sich vorher sehr engagiert ausgelassen haben über sehr differenzierte Verwaltungsmodelle, die aber nichts mehr mit Gestaltung zu tun haben. Die in ihren Nadelstreifen dasitzen und sich gegenseitig bestätigen: „Herr Dr. Meier, genau, eine ganz wesentliche, entscheidende und wichtige Frage, die ich nur unterstützen kann." Die sich dabei über andere beschweren und vielleicht selbst durch ihr Verhalten ein Projekt oder einen Prozeß behindert haben, zum Schaden des ganzen Unternehmens und aller Mitarbeiter.

Vereinfacht läßt sich dieser Dreier-Schritt der Abwehr folgendermaßen darstellen:

1. „So müßte es gemacht werden!" So werden am Anfang hohe Erwartungen, Interessen und Ansprüche deutlich.
2. „Soll ich es so machen?" So werden Verunsicherung, Hilfesuche, Drücken und Abschieben vor Entscheidungen und Verantwortung deutlich.
3. „So geht es aber nicht!" So reagieren die Abwehrer, wenn ein erster konkreter Vorschlag kommt: Also soll alles so bleiben, wie es ist; wir sind doch eigentlich recht gut und brauchen keine Veränderung! Ich kann ja nichts ändern; ich muß mich nicht verändern; ich brauche nichts zu tun, und ich bin nicht schuld. So wird die verantwortliche Entscheidung auf den Vorgesetzten, das Team oder den Berater abgeschoben. Tappen Sie nicht in diese Falle! Man nennt das auch gern Inkompetenz-Kompensations-Kompetenz.

Die deutschen Führungskräfte sind in einem Stimmungstief: Enttäuscht (33 Prozent), ängstlich und verunsichert (30 Prozent) reagieren die Manager auf die Veränderungen in ihren Firmen. Optimismus und Kampfgeist, die nötig wären, um die Krise zu meistern, zeigen nur 26 Prozent (Capital 3/94). Resignation muß Aufbruchstimmung weichen! Mehr als 40 Prozent wollen sich mehr Zeit für kooperative Führung nehmen. Nötig ist eine frühzeitige Beteiligung und Kommunikation der Beteiligten (31 Prozent).

Große Unternehmen und besonders heterogene und ältere Organisationen stehen Neuerungen eher skeptisch gegenüber und adoptieren sie nicht, sondern adaptieren sie, das heißt sie versuchen, die Innovationen der Zeit anzupassen. Man interessiert sich für neue Ideen und Anregungen und schaut auch schon mal über den Tellerrand, aber man verändert (möglichst) wenig und tendiert dazu, den alten Zustand zu erhalten. Innovationen werden gedacht, aber nur selten gemacht. Es bleibt bei allgemeinen Überlegungen: Man müßte

Abbildung 34: Holzschnitt aus dem 15. Jahrhundert

Widerstände gegenüber Innovationen

... man sollte ... man hätte ... Diese persönliche Abwehrhaltung geht auf verschiedene Widerstände zurück: „Was helfen Fackeln, Licht oder Brillen, so die Leut' nicht sehen wollen?" (15. Jahrhundert, Holzschnitt; vgl. Abbildung 34).

Widerstände gegenüber Innovationen

1. Praktische Widerstände werden häufig als erstes genannt. Sie beziehen sich nicht auf die Ziele, sondern auf die Art und Weise der Ein- und Durchführung der Veränderung: Komplexität und fehlende Transparenz der Neuerung, Knappheit der Ressourcen (zu wenig Finanzen, Ausstattungen, Personal ...), Zeitprobleme (Knappheit, anstehende Termine, Streß ...) unklare Zuständigkeiten (Wer macht was? Anordnungen von oben?) und fehlende Arbeitsmittel und Kompetenzen, Aus- und Fortbildungen, Schulungen, Beratungen.

2. Machtwiderstände verhindern, daß Innovationen die gewachsene Machtstabilität innerhalb einer Organisation verändern. Zwischen den einzelnen Personen und Bereichen der Organisation haben sich feste Machtstrukturen entwickelt, die für den eigenen Bereich Sicherheit bedeuten. Veränderungen bedeuten dann Angriffe und werden abgewehrt. Innovationen werden darüber hinaus auch als Kritik am Bisherigen verstanden (gegenüber Personen und Bereichen) und darum abgelehnt. Da diese Widerstände nicht offen angesprochen werden, sondern meist mit „Killer-Phrasen und Killer-Argumenten", aber auch mit Forderungen nach Garantien, sollten sie verdeutlicht und abgearbeitet werden (die eigentlichen Machtstrukturen bleiben!).

3. Wertewiderstände entstehen, wenn die Neuerungen andere Werte und Zielvorstellungen haben. Die Ablehnung ist besonders groß, wenn die Innovation aus einem ganz anderen Bereich kommt, obwohl gerade solche Anregungen von außen eine wirkliche Problemlösung und Veränderung sein können, wenn die Haupt-

ziele übereinstimmen oder abgestimmt werden können und vorher alte Methoden nicht erfolgreich waren. Von der Ausbildung und dem Denken her werden viele gute Möglichkeiten zu schnell ausgeschlossen. Ein Versuch und/oder eine Einführung auf Probe könnte die Barriere eventuell abbauen und eine positive Veränderung bringen.

4. Psychologische Widerstände in den Personen selbst verhindern die Veränderungen von Organisationen ganz entscheidend: Müssen wir uns überhaupt verändern? Vielleicht sind es schlechte Vorerfahrungen, keine Lern- und Veränderungsbereitschaft, Unsicherheiten, fehlende Einsichten und Notwendigkeiten, die zur Ablehnung führen, obwohl die Werte und Ziele übereinstimmen, die Mittel vorhanden sind und auch die Machtposition unverändert bleibt. Um diese zentralen persönlichen Widerstände abzubauen, kann man diese Personengruppe offen und motivierend ansprechen und ihnen einerseits die Notwendigkeit für die Veränderungen und andererseits ganz persönliche Anreize und Vorteile aufzeigen mit entsprechend einfachen Methoden. Die Zielsetzungen, Vorgehensweisen und Mittel müssen dabei möglichst auf diese Zielgruppe abgestimmt und für sie transparent sein. Ängste dabei direkt und/oder durch Beispiele ansprechen und besprechen (auch die Kraftfeld-Analyse hilft).

Es gibt drei Arten von Organisationen und Unternehmen:

▶ Diejenigen, die Ideen verwirklichen.
▶ Diejenigen, die beobachten, wie Ideen verwirklicht werden.
▶ Und diejenigen, die sich wundern, daß und wie Ideen verwirklicht werden.

Durch so eine Diskussion wird für mich deutlich, was Corporate Identity eigentlich für einen Nutzen bringt. Es bringt nicht nur eine Veränderung der Organisation mit sich, es bringt auch eine Veränderung aller Beteiligten: Eine Veränderung der Denkweisen, insbesondere bei den Führungskräften. Es muß auch eine Veränderung der gesamten Denk- und Verhaltensweisen gerade bei den Führungskräften geben, weil sie sonst in ihrer Position diesen gesamten Veränderungsprozeß nicht unterstützen, sondern abwehren und mit ihren persönlichen Ängsten und Defiziten einen erfolgreichen Veränderungsprozeß verhindern. Deswegen kann Corporate Identity nur mit den Betroffenen gemeinsam aufgebaut und entwickelt werden. CI ist damit vorrangig ein Bewußtseinsprozeß, ein Motivationsprozeß und ein Denkprozeß. CI ist ein Dialog, ein Diskurs, damit es nicht das Gegenteil ist, ein Konkurs. Von der Vorgehensweise her kann er nur ein ganzheitlicher Prozeß sein, der über die verschiedenen Methoden den Beteiligten die Möglichkeit gibt, gemeinsam daran zu arbeiten und gemeinsame Erfahrungen zu bekommen. Er ist also als ein Lernprozeß zu verstehen im Rahmen einer lernenden Organisation. Corporate Identity muß demnach gerade am Anfang auch Personalentwicklung sein, Führungskräfte-Schulung und -Workshops und das Training der einzelnen Personen mit beinhalten. Wenn eine Personalentwicklung nicht gleichzeitig als Unterstützung dieses Prozesses mit angedacht ist, kann CI eigentlich nicht erfolgreich sein!

Corporate Identity – und was dann? Dieser Prozeß, der als ganzheitlicher Lernprozeß angeschoben wurde, muß dann auch weiter verstärkt und unterstützt werden. Das ist vergleichbar mit einem Motor: Der Motor muß laufen. Wer ist die Zündung mit seinen zündenden Ideen und seinem zündenden Vorbild? Wer ist in dieser Organisation die Kupplung, die den Prozeß auskuppelt, wenn er zu schwierig wird? Wer gibt bei diesem Prozeß Gas? Wer bremst? Wer ist das Benzin, wer das Öl, und wer ist der Sand im Getriebe? Es gibt also wesentliche Elemente, die diesen Prozeß in Gang halten: Immer wieder neue Ansätze und Motivationen schaffen, immer wieder neue Ziele und Strategien entwickeln. Das kann nicht von einer Person allein ausgehen. Dieser Steuerungs- und Moderationsprozeß kann nur von einem CI-Team erfolgreich geleistet werden.

Damit der CI-Prozeß nicht nur am Anfang etwas bewirkt, sondern auch langfristig, brauchen wir die einzelnen Beteiligten: Wir brauchen das Engagement der einzelnen, ihre offene Lernbereitschaft, ihre persönliche Konsequenz und Glaubwürdigkeit, ihre Erfahrung, ihre Individualität und Kreativität. Von den Führungskräften brauchen wir ihr Vorbild in dieser Beziehung. Der Erfolg von CI wird dann konkret, wenn für die Beteiligten ihr persönlicher Nutzen sichtbar wird und sie deswegen diesen Prozeß der Organisationsentwicklung engagiert mit unterstützen.

Das wichtigste aber ist, daß Corporate Identity als ein Prozeß zu verstehen ist, der in verschiedene Phasen aufgeteilt werden kann:

1. Die Aufbauphase braucht Akzeptanz und Motivation, um CI wenigstens probeweise kennenzulernen und erste Strukturen aufbauen zu können.
2. Die Konsolidierungsphase braucht die Motivation aus der Anfangsphase, um stringent strategisch und konzeptionell arbeiten und damit Erfolge vorweisen zu können.
3. Die Entwicklungsphase braucht Überprüfungen und Nachbesserungen, neue Impulse, Weiterentwicklungen, Ausbaustufen und Ergänzungen.

Entsprechend der unterschiedlichen Phasen wird es auch unterschiedliche Erfolge geben. Es gibt kurzfristige, mittelfristige und langfristige Erfolge, Erfolge auch unterschiedlich in ihren Arten, Auswirkungen und Anlässen. Erwarten Sie also nicht den Erfolg von CI, sondern erwarten Sie mehrere Erfolge. Differenzieren Sie nach Art und Umfang entsprechend Ihrer spezifischen Ausgangslage. Erfolge werden um so sichtbarer und faßbarer, je mehr Sie die Erfolge direkt angehen und sich nicht in Verfahrensfragen und Bedenken verstricken. Letztlich bestimmen Sie den Erfolg durch Ihre Person und Ihr Verhalten doch mit!

Alle suchen nach einem Konzept zur Organisationsentwicklung, zur Verbesserung der Unternehmen und zur Veränderung der Organisationen. Die Notwendigkeit und der Druck zur Veränderung scheint für alle Beteiligten innerhalb und außerhalb der Unternehmen deutlich genug zu sein, um möglichst schnelle und erfolgreiche Patentrezepte zu suchen und zu fordern. Allzu leicht und schnell geht man planerisch in eine Sackgasse, wenn man allein den ersten Schritt zu schnell oder auch gar nicht macht. Häufig werden Fluchtpunkte des Denkens sichtbar, Visionen und Träume, die nicht realisierbar sind. Andererseits steht dem Zuviel an Planung ein Zuviel von Aktionen gegenüber. Planungs-Weltmeister und auch Aktivisten verändern beide letztlich nichts, wenn der erste Schritt in diesen Organisations-Veränderungs-Prozeß nicht der richtige ist. In diesem Wissen wird die Angst immer größer, daß dieser erste Schritt auf dem Weg zur richtigen Organisationsentwicklung vielleicht doch der falsche Schritt sein könnte! Hinzu kommen persönliche Ängste und Widerstände: Was bringt die Veränderung der Organisation für mich, für meinen Arbeitsplatz und für meine Abteilung? Ich bin ohnehin gestreßt und belastet und soll jetzt sogar noch mehr arbeiten und das für eine Idee, die ich gar nicht verstehe. Muß ich mich selbst verändern? Welche Vorteile und welchen Nutzen bringt CI überhaupt? Ist diese Managementmethode überhaupt auf unsere spezifische Situation zu übertragen?

Veränderungen? Veränderungen!

Veränderungen, Versuche, Vorurteile, Vertrauensdefizite und Verunsicherungen zeigen: Die Betriebe, Handels- und Dienstleistungsorganisationen sind auf der Suche nach Erfolg. Gefragt sind professionelle Wege und wirksame Mittel, die den Erfolg garantieren und alle Probleme lösen. Mit möglichst minimalem Einsatz einen maximalen Erfolg erzielen und das sofort aber auch langfristig. Dieser Anspruch ist ein Fluchtpunkt des Denkens und weist darauf hin, daß die so denkenden Führungskräfte als erstes umdenken müssen: Wenn Du eine hilfreiche Hand suchst, dann suche sie am Ende Deines Armes! Der Erfolg kommt nur durch Dich selbst!

Ausgangspunkt ist also die Frage: Wollen Sie wirklich etwas verändern – bewußt gestaltend und glaubwürdig?

Der Veränderungsprozeß beginnt mit

1. *Veränderungsbereitschaft:* Veränderungsdruck (Notwendigkeit) und Visionen und Ziele (Nutzen) schaffen den Antrieb und Anstoß, Veränderungsfähigkeiten sind die zusätzlich notwendigen Kompetenzen, Mittel, Methoden und Beratungen. Durch eine Ist- und Soll-Analyse wird der Ausgangspunkt bewußt gemacht, um den Veränderungsprozeß strategisch und konzeptionell gestalten zu können.

2. *Verminderung der Schwächen und Verstärkung der Stärken:* Erste Maßnahmen, die die durch die Analysen aufgedeckten Mängel und Stärken angehen, führen zu ersten Veränderungen. Dadurch

können auch erste Erfolge erzielt werden: Durch das Abbauen von Fehlern werden 10 bis 20 Prozent Steigerung, durch die synergetische Schwerpunktbildung eine Verdoppelung oder Verdreifachung der Wirkungen erzielt.

3. *Versuche und Vorschläge:* Bei allen Veränderungen werden Fehler gemacht und kommen Ängste und Widerstände auf. Der Veränderungsprozeß ist ein Lernprozeß. Die ersten Schritte zur Veränderung sind gemeinsame Erfahrungen im Rahmen einer lernenden Organisation. Schaffen Sie ein Selbst-Controlling-System, das Versuche und Fehler erlaubt, Veränderungen umsetzt und nachbessert (und nicht nur plant), Ängste und andere Meinungen aufnimmt, Verbesserungsvorschläge fördert, permanente Veränderung und Flexibilität schafft und die Wirksamkeit der Maßnahmen transparent macht und steigert.

4. *Verbindlichkeiten:* Alle Maßnahmen sind erfolgreich, wenn sie direkt den Erfordernissen entsprechen und zielgerichtet sind. Entwickeln Sie gemeinsam mit den Betroffenen Grundsätze, Richtlinien und Ziele als Rahmen für individuelle Gestaltungsfreiräume. So viel Richtlinien wie nötig, so viel Freiräume wie möglich! Einzelne Wirkungen in und von Unternehmen sollten sich gegenseitig nicht behindern oder aufheben, sondern aufeinander abgestimmt sein. Das erfordert klare Orientierungen für alle Beteiligten.

5. *Vormachen, Vorbild, Vertrauen:* Veränderungen sind ein *top-down-process*, müssen von oben angeschoben, unterstützt und vorgemacht werden. Führungskräfte müssen die Veränderungen sichtbar vorleben und andere dadurch in ihrem Veränderungsprozeß unterstützen. Veränderungen sind aber nur dann erfolgreich, wenn sie von den Mitarbeitern motiviert umgesetzt werden, wenn der Veränderungsprozeß ganzheitlich auch zu einem bottom-up-process wird. Die Glaubwürdigkeit, die Ganzheitlichkeit und das Vertrauen zu Mitarbeitern und Kunden sind damit die eigentlichen Erfolgsfaktoren.

Um etwas zu verbessern, muß ich es verändern. Georg Christoph Lichtenberg sagt dazu: „Ich weiß nicht, ob es besser wird, wenn es anders wird. Aber es muß anders werden, wenn es besser werden soll." Häufig ist der Veränderungsprozeß nur Aktionismus, Alibifunktion oder nur ein vager Versuch ohne Stringenz und Veränderungswillen. Vielleicht ist es doch besser, alles beim Alten zu belassen – man hat sich daran gewöhnt und so schlecht war es doch auch nicht! Veränderungen brauchen Kraft, bringen Unruhe und erfordern ein persönliches Engagement. Veränderungen (vgl. Abbildungen 35 und 36) bringen ja nicht nur positive Wirkungen mit sich, sondern sind im Verlauf einer Veränderungskurve gerade am Anfang verbunden mit Schock und Abwehrhaltungen, Konflikten und Depressionen – und bringen erst nach dem Loslassen der alten Gewohnheiten Verbesserungen.

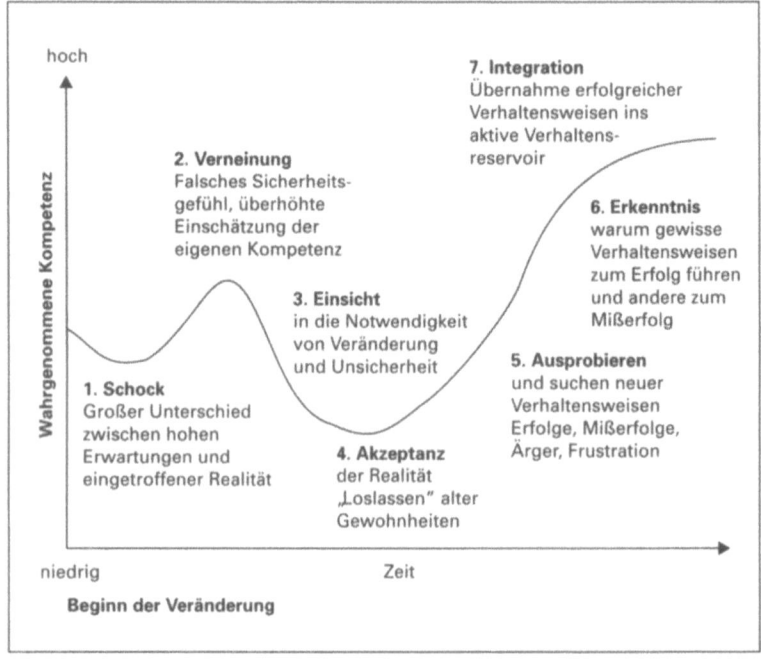

Abbildung 35: Die sieben Phasen der Veränderungskurve

Oberstes Ziel von Veränderungen sollte die Suche nach der eigenen, erfolgreichen und gemeinsamen Identität des Unternehmens nach innen und außen sein. Erfolgreiche Veränderung ist bewußte Selbst-

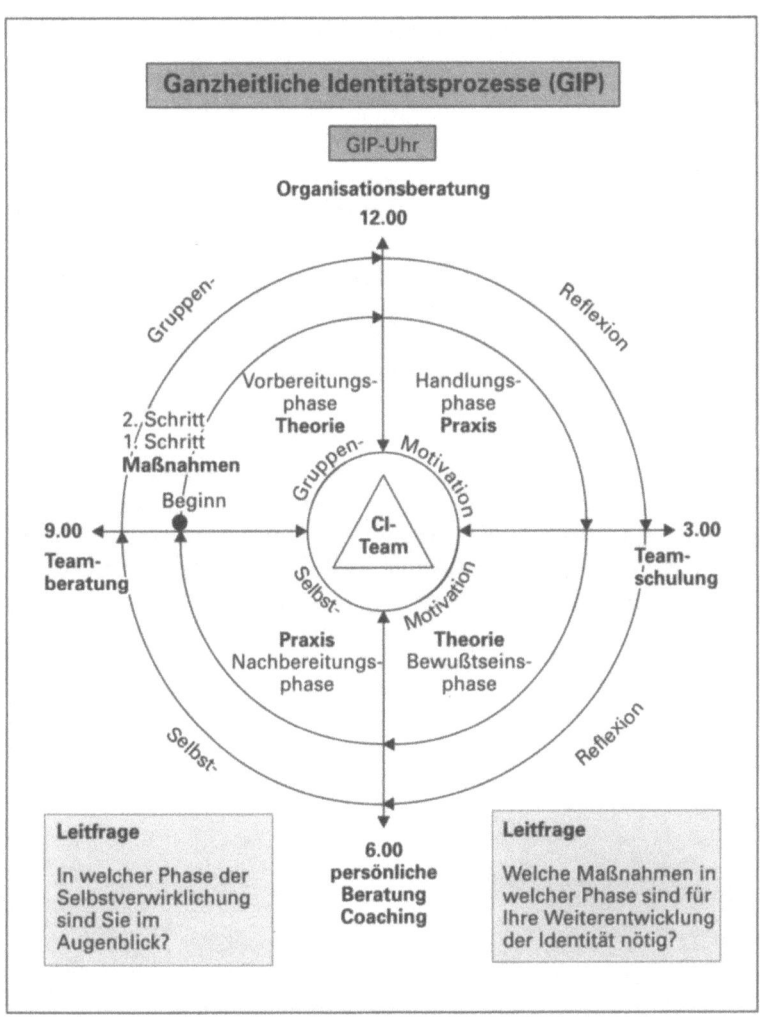

Abbildung 36: Ganzheitliche Identitätsprozesse (GIP)

gestaltung als ein Ganzheitlicher Identitätsprozeß und schafft zwei Zielsetzungen gleichzeitig: Einerseits gute Ergebnisse, Produkte, Organisationsstrukturen und Arbeitsweisen und andererseits gleichzeitig auch ein gutes Bewußtsein, Denken, Verhalten und eine gute Moti-

Veränderungen? Veränderungen!

vation und eine veränderte Einstellung der Beteiligten. Nur mit einer guten Identität nach innen und außen können langfristig gute Ergebnisse erzielt werden: Die starke Identität und das profilierte Image eines Unternehmens werden somit zum Erfolgsfaktor.

Corporate-Denkweisen implementieren durch gemeinsames Fehleraufdecken und -abstellen, gemeinsames Entwickeln von Grundsätzen und Zielvereinbarungen, ein effektives Projektmanagement und ein konsequentes Selbst-Controlling in differenzierten Entscheidungsfreiräumen schafft bei den Führungskräften und Mitarbeiterinnen persönliche Sinninhalte und eine neue Motivation und Arbeitsweise, was dem Unternehmen den Erfolg bringt. Verkrustete Strukturen innerhalb des Unternehmens und in den Menschen aufzubrechen und daraus einen Prozeß der permanenten Veränderung zu entwickeln, ist Aufgabe einer ganzheitlichen Corporate Identity (CI). CI-Veränderungs-Prozesse müssen also von oben kommen, werden aber von unten getragen. Veränderungen sind nur erfolgreich, wenn sie nicht gegen die Beteiligten sind. Somit wird der Veränderungsprozeß zu einer ganzheitlichen Denkweise: Think corporate!

10 Zusammenfassung

Alle Bemühungen, durch neue Führungs- und Organisationsstrukturen (FOS) und Managementstrategien den Unternehmen in der Krise und in den Zeiten der Bewährung erfolgreiche Lösungen aufzuzeigen, waren bisher eindimensionale Ansätze, die schwerpunktmäßig nur einen Aspekt in den Mittelpunkt aller Bemühungen stellten: Kunden-Denken, Lean-Denken, Spar-Denken, Qualitäts-Denken. Corporate Identity hat sich seit den 70er Jahren zu einer ganzheitlichen FOS entwickelt. Damit umfaßt CI heute in der dritten Generation alle Denkansätze und integriert ganzheitlich alle wissenschaftlichen Ansätze. Die konkrete Beratungserfahrung in allen Branchen zeigt Veränderungsprozesse auf, die ganzheitlich Erfolg haben: kurz- und langfristig, nach innen und außen, hierarchie- und abteilungsübergreifend, für Mitarbeiterinnen und Unternehmen usw. Bei komplexen Vernetzungen sind ganzheitliche Arbeitsweisen notwendig. Es geht also nicht mehr um Personalentwicklung (PE), Organisationsentwicklung (OE) und Design-Entwicklung (DE) allein, die isoliert nebeneinander her arbeiten, sondern um die Verbindung dieser Einzelentwicklungen. Es geht um eine einheitliche Denk- und Arbeitsweise im Unternehmen, die in allen Bereichen und Positionen nach innen und außen gleichermaßen angewandt wird, so daß sich die Einzelwirkungen nicht gegenseitig aufheben und behindern, sondern durch ganzheitliche Vernetzung Synergieeffekte schafft. Durch veränderte und bestätigte Strukturen, Methoden, Ziele und eine Corporate Ausrichtung aller Einzelmaßnahmen wird die spezifische und profilierte Identität des Unternehmens bewußt gestaltet und im Rahmen einer lernenden Organisation permanent weiterentwickelt. CI wird zu einem Ganzheitlichen Identitätsprozeß. Die Suche nach Veränderung und nach Erfolg wird zu einer Suche nach der Identität. Unternehmen mit einer starken Identität sind erfolgreich und verändern sich stringent. Eine starke Identität, als Summe aller Innenwirkungen und

Selbstbild des Unternehmens, und ein profiliertes Image, als Summe aller Außenwirkungen und Fremdbild des Unternehmens, sind die Erfolgsfaktoren. Der Erfolg eines Unternehmens ist dann besonders groß, wenn es eine hohe Übereinstimmung von Identität und Image gibt.

Alle Organisationen sind auf der Suche nach ihrer Identität. Dieser Ganzheitliche Identitätsprozeß kann nur erfolgreich sein, wenn die Betroffenen selbst mit erprobten und interdisziplinären Vorgehensweisen daran mitarbeiten, motiviert, konsequent und ihren eigenen Nutzen sehend. Die ganzheitliche Corporate Identity stellt die Grundlagen und Methoden für den GIP der Organisationen und entwickelt mit allen Beteiligten ihre spezifische Identität und verbessert damit gleichzeitig das Image und die Arbeitsweise. Für diese Selbstgestaltung brauchen die Organisationen eine motivierte Mitarbeiterschaft, ein gutes Management und eine marketingorientierte Öffentlichkeitsarbeit.

Grundlage für den CI-Prozeß ist die *AMC-Regel*: Ist- und Soll-Analysen, strategisch und konzeptionell ausgerichtete Maßnahmen, die durch Projekt-Management und Team-Entwicklung verstärkende Synergieeffekte schaffen und ein Selbst-Controlling. Wichtig dabei ist der ganzheitliche Ansatz: Alle Maßnahmen zur Veränderung der Organisationen im Rahmen eines Selbstgestaltungsprozesses sind nur dann erfolgreich, wenn sie sich nicht nur auf die Organisationsentwicklung (OE) beziehen, sondern gleichzeitig auch als Personalentwicklung (PE) und Design-Entwicklung (DE) verstanden werden. OE als Verbesserung der Arbeitsstrukturen ganzheitlich mit der Bewußtseinsbildung, Kompetenz- und Motivationsverbesserung aller Beteiligten als PE zu verbinden und als DE zur Profilierung nach außen zu präsentieren, ist ein schwieriger Ansatz für die Unternehmen, aber nur der schafft es, die unterschiedlichen Anforderungen miteinander zu verbinden. Aufgabe des GIP ist es also, die Verhaltensweisen aller Beteiligten (Corporate Behavior), die gesamte Kommunikation (Corporate Communication) und das Erscheinungsbild (Corporate Design) ganzheitlich aufeinander abzustimmen, um die Einzelwirkungen nicht zu behindern, die wenigen Ressourcen zu konzentrieren und die Schwerpunkte der Unternehmenskultur zur Profilierung deutlich zu machen. Alle Maßnahmen der Unternehmen nach innen und außen werden auf die Unternehmensgrundsätze ausgerichtet. Dieses Unternehmensprofil ist wie eine Unternehmensphilosophie eine Art Verfassung als Basis für die Unternehmensentwicklung. Bestimmen Sie selbst Ihre Identität und gestalten Sie Ihr Image bewußt mit. Überlassen Sie es nicht dem Zufall!

Das Entscheidende für den Erfolg beim GIP aber ist, nicht nur den Nutzen für die Organisation zu verdeutlichen, sondern den Betroffenen den persönlichen und direkten Nutzen für sie selbst aufzuzeigen, damit sie diesen Prozeß ganzheitlich tragen können. Verbesserungen gegen die Betroffenen sind nicht wirksam! Wenn der einzelne aus der Mitarbeiterschaft Vorteile für sich und seinen Arbeitsplatz sieht (Sinn-Erfüllung, weniger Frustration und mehr Motivation, Entlastungen, persönliche Verbesserung und Stärkung, Chance der Beteiligung, Wohlbefinden, Verbesserung der Arbeit usw.) hat die Organisation richtig gelernt, um diese Veränderung zu einer Verbesserung zu nutzen. Beginnen *Sie* also die Veränderung! Schaffen *Sie* eine neue Aufbruchstimmung!

Die Corporate-Identity-Entwicklung hat begonnen, aber wie kann man den Prozeß in Gang halten?

Der ganzheitliche Corporate-Identity-Prozeß ist angeschoben worden und hat sich entwickelt. Der Prozeß hat einiges in Bewegung gebracht und verändert. Die ersten Erfolge sind sichtbar geworden. So schlecht ist CI doch nicht! Nach ersten Bedenken und Anfangsschwierigkeiten (vgl. Abbildung 35) hat man sich überzeugen lassen, es zumindest zu versuchen: Zu groß waren die Notwendigkeiten (der Druck) und zu interessant waren die vielfältigen Nutzen (die Wünsche und Möglichkeiten). Nach der Akzeptanz-Schaffung (Los- und Zulassen), Sensibilisierung und Orientierung (gemeinsame Vorgehensweise) kommt typischerweise eine hohe Motivations- und Erwartungsphase und eine Aufbruchstimmung, die durch die ersten eigenen Erfolge noch verstärkt wird. Zumeist ist diese Veränderungsbereitschaft in der Tendenz zu übertreiben: Jetzt wollen alle alles sofort umfassend ver-

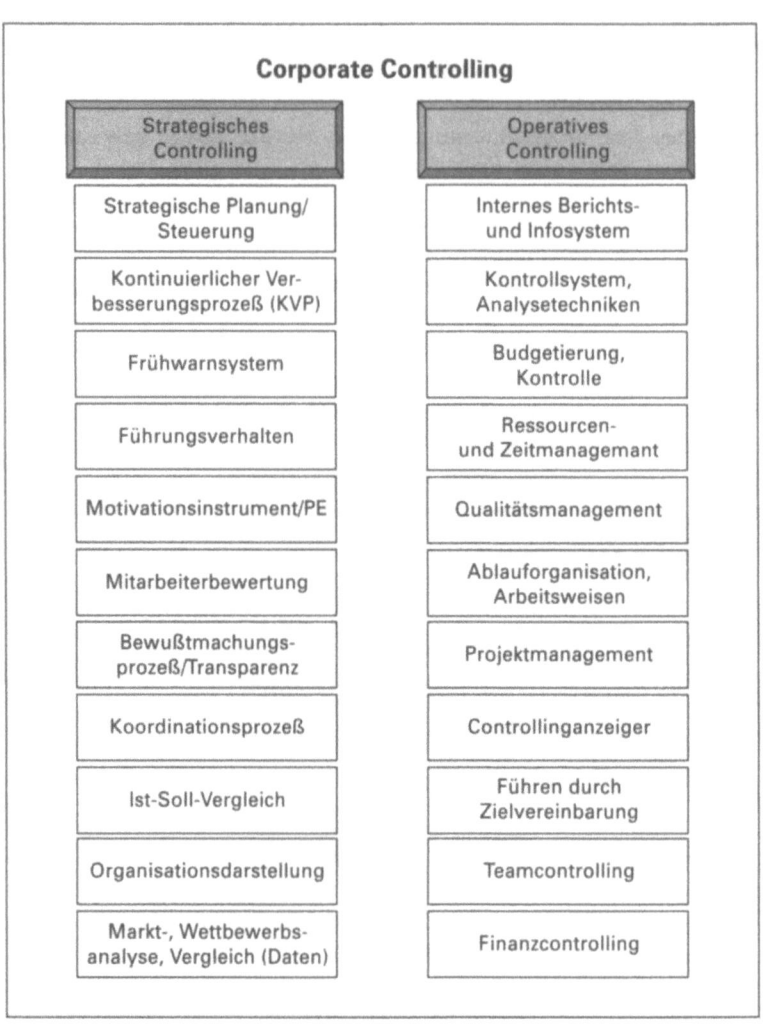

Abbildung 37: Ganzheitliches Organisationscontrolling

ändern! Der Erfolgsdruck steigt und nach dem anfänglichen langen Zaudern und Zögern will man endlich konkrete und schnelle Erfolge durch CI. Wir haben dafür Zeit, Geld und Aufwand investiert, uns persönlich engagiert und wollen nun aber etwas davon haben! Das neu gebildete CI-Team als hauptverantwortliche Instanz für den CI-Prozeß (vgl. Abbildung 36) muß also einerseits erst einmal die Grundlagen schaffen, nach der AMC-Regel entsprechende Analysen durchführen, um damit endlich eine strategische und konzeptionelle Basis-Konzeption für das Unternehmen zu entwickeln, die lange Zeit nicht vorlag. Es muß andererseits aber auch schnelle reale Verbesserungen bringen, um dem einzelnen Beteiligten seinen persönlichen Nutzen zu zeigen und erfahren zu lassen (positive Veränderungen, Beteiligungen, Erleichterungen, persönliche Vorteile usw.). Der CI-Prozeß kann aber auch sehr schnell in sich zusammenbrechen, wenn wir eine zu hohe Motivation, ein zu hohes Engagement der Beteiligten haben, zu hohe Erwartungen und zu hohen Erfolgsdruck.

10 Schritte zum VER-trauen:

10. Schritt: VER-besserung erreichen
9. Schritt: VER-änderungen schaffen
8. Schrit VER-antwortung übertragen
7. Schritt: VER-bindlichkeiten schaffen
6. Schritt: VER-haltensweisen einüben
5. Schritt: VER-suche machen

3. Schritt: VER-trauensbildende Maßnahmen
2. Schritt: VER-ständnis schaffen
1. Schritt: VER-trauensbasis

Verbesserungen Erfolgreich Realisieren

Abbildung 38: VER-trauen wagen

Der GIP wird durch ein ganzheitliches Organisationscontrolling wachgehalten. Ein strategisches und operatives Controlling (vgl. Abbildung 37) schafft kontinuierliche Veränderungen und Innovationen: Glaubwürdig an den Zielen und konsequent an deren Umsetzung arbeiten!

Ausgangspunkt und Zielsetzung des CI-Prozesses ist letztlich das Vertrauen (vgl. Abbildung 38). Trauen Sie sich! Selbstvertrauen und Zuvertrauen zu anderen sind die Basis, um eine profilierte Identität aufzubauen, die Bausteine sind bewährte CI-Methoden. Ohne Vertrauen den Mitarbeitern und Kunden gegenüber kann kein Unternehmen erfolgreich sein: *Vertrauen wagen ...*

Anhang:
Beispiele für Unternehmensgrundsätze

- Sedus
- Pestalozzi-Stiftung
- Viessmann
- Klöckner Industrie-Anlagen
- Hewlett-Packard
- Flughafen Hannover
- Rautenbach-Guss GmbH

Sedus

Das Ziel des Unternehmens besteht darin, für ein Personenkollektiv eine wünschenswerte Lebensumwelt zu gestalten und zu erhalten. Wir wollen alle vorhersehbaren negativen Auswirkungen auf den natürlichen Lebensraum von Pflanzen, Tieren und Menschen vermeiden. Die Leistungen, die wir innerhalb unserer ökonomisch ausgerichteten Tätigkeiten erbringen, sind bewußt so zu gestalten, daß der ökologische Aspekt immer berücksichtigt wird. Ökologie und Ökonomie sind keine Gegensätze, sondern unverzichtbare Teile eines Ganzen.

1. Gesetze
Wir verpflichten uns zur Einhaltung aller einschlägigen gesetzlichen Regelungen, wobei wir im internationalen Abgleich mit unseren Tochtergesellschaften die jeweils wirksamsten Maßnahmen zugrunde legen.

2. Ressourcen
Wir wollen mit den vorhandenen Ressourcen verantwortungsvoll und sparsam umgehen. Wir versuchen nur solche Werkstoffe einzusetzen, die noch in reichlichem Maße vorhanden sind oder natürlich nachwachsen und bei ihrer Auf- und Umarbeitung möglichst wenig Energie verbrauchen und die Umwelt nicht belasten.

3. Produktkonzeption
Hohe Qualität und Langlebigkeit der Produkte im Verbund mit einer recyclinggerechten Konstruktion sehen wir als wichtigen Beitrag zu Umweltschutz und Ressourcenschonung.

4. Vorbeugung
Wir bekennen uns zu einem präventiven Umweltschutz. In diesem Zusammenhang beachten wir alle Aspekte wie:
- Berücksichtigung aktueller und zu erwartender gesetzlicher Regelungen
- Umweltverträglichkeit der Stoffe, Einsatzprodukte und Technologien
- Emissionen jeder Art
- Abfallvermeidung vor Verwertung und Entsorgung
- Gefahrenvermeidung bei Störfällen

5. Prozesse
Wir wollen durch geplante und beherrschende Prozesse zu jedem Zeitpunkt sicherstellen, daß negative Umwelteinwirkungen vermieden werden. Dies erfolgt durch:
- Planung und Bewertung der Umwelteinwirkungen von Einzel- und Gesamtprozessen
- Überwachung aller umweltrelevanten Prozeßparameter
- Effiziente Lenkung bei Abweichungen

6. Partnerschaft
Wir wollen mit unseren Lieferanten, Kunden und Mitarbeitern alle ökologischen Anforderungen bewerten und bei unserem Handeln angemessen berücksichtigen. Mit unseren Mitmenschen und der Öffentlichkeit pflegen wir den offenen und sachlichen Dialog und bekennen uns umfassend zu unserer ökologischen Verantwortung.

7. Mitarbeiter
Jeder Mitarbeiter im Unternehmen ist mitverantwortlich für die Erreichung unserer Umweltziele. Wir fördern das Umweltbewußtsein durch Information, Integration und Führung.

8. Verbesserungen
Wir wollen durch ökologisch orientiertes Handeln und durch laufende Schwachstellenanalysen bei unseren
- Produkten
- organisatorischen Abläufen
- Haupt- und Hilfsprozessen
- Dienstleistungen für unsere Kunden

kontinuierliche Verbesserungen erzielen.

Waldshut, den 01.05.1995 · Vorstand

Dr. Bernhard Kallup   Peter Rau   Klaus Tillmann

Unternehmensgrundsätze von Sedus

Leitbild

Wir sind ein diakonisches Unternehmen. Tradition und Fortschritt zeichnen unsere Stiftung aus.

Unsere Stiftung wurde vor über 150 Jahren von engagierten Hannoveranern gegründet. Was als Bürgerinitiative begann, ist heute ein soziales Dienstleistungsunternehmen. Als kirchliche Stiftung sind wir Mitglied im Diakonischen Werk der Ev.-luth. Landeskirche Hannovers und deren Zielen verpflichtet. Von Anfang an haben unsere Gründer Ökonomie und Pädagogik zusammengesehen. Auch heute stellen wir uns der Herausforderung, unsere sozialen Aufgaben zugleich gut und wirtschaftlich zu erfüllen.

Wir helfen, unterstützen und begleiten Menschen in den Bereichen Kinder- und Jugendhilfe, Behindertenhilfe und schulische Ausbildung.

Wir sind ein anerkannter freier Träger der Wohlfahrtspflege und übernehmen soziale Aufgaben in und um Hannover.

Wir erziehen und fördern junge Menschen in Heim- und Tagesgruppen und bieten Hilfen in familiären Notlagen; außerdem führen wir eine Kindertagesstätte.

Für Menschen mit Behinderungen bieten wir Arbeitsplätze in unserer anerkannten Werkstatt und differenzierte Wohnangebote.

Wir unterrichten Kinder und Jugendliche in unserer Schule für Erziehungshilfe und Sonderschule für Geistigbehinderte.

Wir bilden Sozialassistenten, Erzieher und Heilpädagogen aus.

Wir beteiligen uns an sozialen Initiativen und Unternehmungen in der Region.

Leitbild der Pestalozzi-Stiftung

Wir sind dem christlichen Bild vom Menschen und von der Welt verpflichtet.

Wir sehen im Menschen das Ebenbild Gottes. Darin sind Lebensrecht und Würde unverlierbar begründet. Wir nehmen uns ein Beispiel an der von Jesus gelebten Nächstenliebe. Sie ist großzügig, geduldig und dem Einzelnen zugewandt.

Wir sehen die Welt als Gottes Schöpfung, die wir bebauen und bewahren sollen. Das verpflichtet uns zur Ehrfurcht vor allem Leben, zur verantwortlichen Mitgestaltung der Lebensverhältnisse und zu einem sorgsamen Umgang mit den begrenzten Gütern.

Weil die Menschenfreundlichkeit Gottes allen gilt, sind wir offen auch für die, die nicht an ihn glauben.

Wir arbeiten wie Pestalozzi mit Kopf, Herz und Hand.

Der 100. Geburtstag Johann Heinrich Pestalozzis war Anlass zur Gründung unserer Stiftung. Das finden wir an unserem Namensgeber bis heute vorbildlich: Er hat an die Bildungsfähigkeit jedes Menschen geglaubt und dabei zuerst auf Liebe und Zuwendung gesetzt. Er hat im christlichen Glauben das Fundament allen erzieherischen Handelns gesehen. Er hat auf die Verschiedenheit der ihm anvertrauten Kinder geachtet und deren Persönlichkeit respektiert. Er hat seine Theorien durch die Praxis verändert und aus Fehlern gelernt. Das sind Maßstäbe, an denen wir uns orientieren und messen lassen.

Wir haben ein gemeinsames Ziel: Chancen geben - Leben lernen.

Wir sehen unsere Aufgabe darin, kleine und große Menschen selbständiger und selbstbewusster zu machen. Unsere Angebote gelten auch schwachen und schwierigen Menschen. Wir wollen dem Einzelnen helfen, seinen Platz im Leben zu entdecken, der Geborgenheit und Halt verspricht. Wir wollen Lebensmut stärken, Hoffnung wecken und Eigenverantwortung fördern. Dafür bieten wir eine Weggemeinschaft auf Zeit.

Pestalozzi-Stiftung
Pestalozzistraße 5
30938 Burgwedel

März 1997

Leitbild der Pestalozzi-Stiftung (Fortsetzung)

Verhaltensgrundsätze

„Die vollkommene Methode fehlt uns allen. Aber wir müssen alle Kräfte daran setzen, uns ihr zu nähern." (J.H. Pestalozzi)

Wir alle sind Vorbild - in jedem Fall.

Wir richten uns nach dem Bedarf jedes Einzelnen und nach den Wünschen unserer Kunden.

Wir arbeiten verläßlich zusammen und gehen fair miteinander um.

Wir handeln transparent, zielgerichtet und nachvollziehbar.

Wir sind kritikfähig und arbeiten lösungsorientiert.

Wir übernehmen Verantwortung und handeln selbständig.

Diese Grundsätze wurden im ersten Halbjahr 1997 vom CI-Team angeregt, in allen Bereichen diskutiert, anschließend überarbeitet und in der hier vorgelegten Form von der Stiftungsleitung mit Zustimmung der Mitarbeitervertretung im Juni 1997 in Kraft gesetzt. Damit sind diese Grundsätze verbindlich.

Verhaltensgrundsätze der Pestalozzi-Stiftung

Die 10 VIESMANN-Grundsätze

1 Gesellschaft
Wir liefern, entsprechend unserer Verantwortung gegenüber der Gesellschaft, energiesparende und umweltschonende Produkte; produzieren, verwerten und entsorgen umweltverträglich.
Wir fördern Wissenschaft, Kunst und Kultur als Werte der Gesellschaft.

2 Mitarbeiter
Wir arbeiten kooperativ und zielorientiert zusammen, bieten fähigen, leistungswilligen Mitarbeiterinnen und Mitarbeitern gute Entwicklungschancen.
Wir wissen um den Wert der Menschen im Unternehmen und bekennen uns zur sozialen Verantwortung.

3 Geschäftsfreunde
Wir arbeiten mit unseren Kunden und Lieferanten partnerschaftlich zusammen. Diese Partnerschaft ist auf beiderseitigen Erfolg ausgerichtet.

4 Forschung
Wir forschen und entwickeln mit dem Ziel, Bestehendes zu verbessern und Neues zu schaffen. Wir wollen damit den technischen Fortschritt entscheidend mitbestimmen.

5 Produkte
Wir sind Systemhersteller von heiz- und kältetechnischen Produkten hoher Qualität und anspruchsvoller Technik. Unsere Produkte sind betriebssicher und leicht handhabbar. Sie sparen Energie, schonen die Umwelt und haben ein eigenständiges Design.

6 Markt
Wir sind international orientiert mit Schwerpunkt Deutschland und Europa. Wir verkaufen unsere Produkte zu marktgerechten Preisen und fairen Konditionen. Unsere Kunden haben damit eine sichere Kalkulationsgrundlage.

7 Vertrieb
Wir verkaufen unsere Produkte über Fachfirmen. Unsere kundennahe Vertriebsorganisation mit kompetenten Mitarbeitern gewährleistet eine fachkundige Beratung und zuverlässige Belieferung.

8 Kundendienst
Wir schulen und unterstützen die Fachfirmen, damit sie schnell und überall einen zuverlässigen Kundendienst leisten können.
Unsere Produkte sind so konstruiert, daß sie leicht zu montieren und einfach zu warten sind.

9 Unternehmensbild
Wir haben durch unser Denken, Handeln sowie unser unverwechselbares Erscheinungsbild unsere Identität geprägt und werden sie weiterentwickeln.

10 Zukunft
Wir sind ein unabhängiges Privat-Unternehmen und haben den Ehrgeiz, unsere führende Stellung im Markt täglich aufs Neue zu festigen.

Unternehmensgrundsätze von Viessmann

Grundwerte unseres Verhaltens

offen	freundlich	konsequent	unbürokratisch
flexibel	kommunikativ	ziel-, resultats-orientiert	sprechen statt schreiben
mobil	kooperativ	Identifikation mit der Aufgabe	in flacher Hierarchie arbeiten
innovativ, kreativ	hilfsbereit	entscheidungsfreudig	keine Rückversicherung
klare Sprache	Umgang wie mit Kunden	robust, belastbar	keine unnötigen Instrumente

Verhaltensgrundsätze der Klöckner Industrie-Anlagen

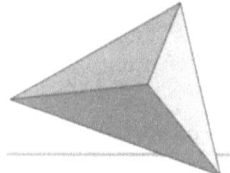

Unsere Grundwerte

„Ich bin der Überzeugung, daß Männer und Frauen gute und kreative Arbeit leisten wollen und diese auch leisten werden, wenn sie über das entsprechende Umfeld verfügen."

Bill Hewlett, 1950

„Die Ziele und Werte von HP haben uns in den letzten 50 Jahren sehr gut geleitet. Wir glauben, damit auch für die Zukunft einen festen Halt in einer sich schnell verändernden Umwelt zu haben."

Lew Platt, 1994

Wir haben Vertrauen in unsere Mitarbeiter sowie Achtung und Respekt vor ihrer Persönlichkeit.

Wir glauben, daß Menschen prinzipiell gute Arbeit leisten wollen und diese auch leisten werden, wenn sie über die richtigen Arbeitsmittel, das entsprechende Umfeld und die nötige Unterstützung verfügen. HP möchte für fähige und innovative Mitarbeiter ein attraktiver Arbeitgeber sein, der ihre Leistungen für das Unternehmen und ihre individuellen Beiträge anerkennt. Begeisterung für die Aufgabe und Freude an der Arbeit machen den Erfolg möglich, an dem alle teilhaben.

Wir legen besonderen Wert darauf, daß unsere Leistungen höchsten Ansprüchen genügen.

Unsere Kunden erwarten von HP Produkte und Dienstleistungen von höchster Qualität, die ihnen technologische Vorteile bieten. Dies ist nur zu erreichen, wenn unsere Mitarbeiter die Erfüllung der Kundenwünsche zu einem persönlichen Anliegen machen. Heute noch effektive Technologien und Führungssysteme können morgen schon überholt sein. Damit wir auch dann noch höchsten Ansprüchen gerecht werden, müssen unsere Mitarbeiter fortwährend neue und bessere Wege zur Erfüllung ihrer Aufgaben erarbeiten.

Wir legen unserem Tun kompromißlose Integrität zugrunde.

Um das Vertrauen und die Loyalität unserer Partner zu gewinnen und zu erhalten, erwarten wir Offenheit und Ehrlichkeit von unseren Mitarbeitern. Dies bedingt, daß sie ausschließlich nach den allgemein anerkannten Regeln guten Geschäftsgebarens handeln. Die HP-Geschäftsgrundsätze sind ohne Einschränkung bindend. Integrität kann in der Praxis nicht alleine durch betriebsinterne Vorschriften sichergestellt werden. Sie muß vielmehr tief im Unternehmen verwurzelt und für jeden Mitarbeiter ein persönliches Anliegen sein.

Wir erreichen unsere Unternehmensziele im Team.

Nur durch eine effiziente Zusammenarbeit in und zwischen den Unternehmensbereichen können wir die Erwartungen unserer Kunden, Aktionäre und unseres Umfeldes erfüllen. Mit unseren Mitarbeitern teilen wir partnerschaftlich die Rechte und Pflichten, die sich aus unserer Geschäftstätigkeit ergeben.

Wir fordern und fördern Flexibilität und Innovation.

Hierfür schaffen wir eine Arbeitsumgebung, die die vielseitigen Eigenschaften unserer Mitarbeiter unterstützt und ein kreatives Arbeiten ermöglicht. Im Rahmen von persönlichen Vereinbarungen, die individuelle Ziele klar definieren, haben unsere Mitarbeiter die Möglichkeit, Freiräume zu nutzen, um die beste Lösung zu finden. Damit übernehmen sie Verantwortung. Unsere Mitarbeiter sind aufgefordert, ihre Kenntnisse und Fähigkeiten durch ständige Fort- und Weiterbildung auf dem neuesten Stand zu halten. Dies ist besonders in einem von Technologie bestimmten, sich schnell wandelnden Markt wichtig, in dem von den Mitarbeitern erwartet wird, sich permanent dieser Herausforderung zu stellen.

Die Unternehmenskultur von Hewlett-Packard

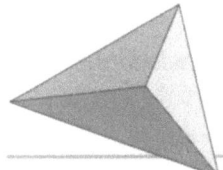

Unternehmensziele

Die Unternehmensziele von HP sind für sämtliche Entscheidungen von HP-Mitarbeitern richtungsweisend.

„Verbesserungen werden erzielt durch bessere Verfahren, durch bessere Techniken, durch bessere Ausstattung und durch Menschen, die ständig nach besseren Wegen zur Erfüllung ihrer Aufgaben suchen und gut als Team arbeiten. Es wird nie den Tag geben, an dem nicht noch Platz für Verbesserungen wäre."

Dave Packard, 1957

Gewinn
Wir wollen einen Gewinn erzielen, der ausreicht, das Wachstum unseres Unternehmens zu finanzieren und die Mittel bereitzustellen, die wir zur Verwirklichung der anderen Unternehmensziele benötigen.

Kunden
Unsere Produkte und Dienstleistungen sollen den hohen Ansprüchen unserer Kunden an Qualität und Nutzen voll gerecht werden. Nur dadurch können wir die Anerkennung sowie das Vertrauen der Kunden gewinnen und erhalten.

Betätigungsgebiet
Wir wollen uns auf den Gebieten betätigen, in denen wir auf unserer bisherigen Technologie und Kundenbasis aufbauen können, die uns Möglichkeiten für ein kontinuierliches Wachstum bieten, und in denen wir einen notwendigen und gewinnbringenden Beitrag leisten können.

Wachstum
Unser Wachstum soll nur durch unseren Gewinn begrenzt sein, und durch unsere Fähigkeit, innovative Produkte zu entwickeln und herzustellen, die den tatsächlichen Bedürfnissen der Kunden entsprechen.

Mitarbeiter
Alle HP-Mitarbeiter sollen am Unternehmenserfolg, den sie miterwirtschaften, teilhaben. Ihre Beschäftigung soll ihnen aufgrund ihrer Leistungen sicher sein. Arbeitsplatz und Arbeitsumgebung sollen sicher und ansprechend gestaltet sein. Die individuellen Leistungen der Mitarbeiter sollen anerkannt werden. Darüber hinaus wollen wir Voraussetzungen schaffen, die es ihnen ermöglichen, persönliche Genugtuung sowie Selbstwertgefühl aus ihrer Arbeit zu gewinnen.

Führungsstil
Wir wollen die Initiative und schöpferische Kraft unserer Mitarbeiter fördern, indem wir dem einzelnen einen weiten Entscheidungsspielraum beim Erreichen der klar definierten Unternehmensziele lassen.

Gesellschaftliche Verantwortung
Wir wollen unsere sozialen Verpflichtungen in jedem Land und jedem Gemeinwesen, in welchem wir tätig sind, erfüllen, indem wir wirtschaftliche, geistige und soziale Beiträge leisten.

Die Unternehmenskultur von Hewlett-Packard (Fortsetzung)

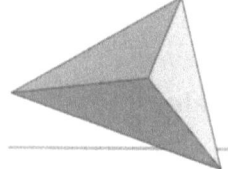

Strategien und Praktiken

Unsere Werte und unsere Ziele bieten Orientierung für unsere Strategien und helfen uns, auch in sehr dynamischen Wirtschaftszweigen zu bestehen.

„Im Grunde genommen bedeutet HP Way, die Integrität des Individuums zu achten."

Bill Hewlett, 1987

Management by Wandering Around (MBWA)
ist eine informelle Praktik bei HP, die beinhaltet, immer auf dem neuesten Stand mit dem Einzelnen und den Aktivitäten rund um das Unternehmen zu sein. MBWA bedeutet Achtung und Vertrauen vor der Persönlichkeit des Einzelnen, Beiträge der Mitarbeiter anzuerkennen und ein offenes Ohr für die Anliegen und Ideen der Mitarbeiter zu haben.

MBWA kann folgendermaßen aussehen:
- Eine Führungskraft nimmt sich regelmäßig Zeit, um durch die Abteilung zu gehen, das Gespräch mit dem Mitarbeiter zu suchen oder um an spontanen Diskussionen teilzunehmen
- Einzelne Mitarbeiter halten abteilungsübergreifend in der gesamten Organisation miteinander Verbindung
- Gespräche in der Kaffee-Ecke, Besprechungen beim Essen, Gespräche im Gang

Management by Objectives (MBO)
ist Ausdruck des partnerschaftlichen Führungsstils bei HP. Mitarbeiter auf allen Ebenen tragen zur Erreichung der Unternehmensziele bei, indem sie gemeinsam mit ihrem Vorgesetzten persönliche Ziele entwickeln, die in diejenigen des eigenen Bereichs oder auch von anderen integriert sind. Für den Mitarbeiter bedeutet dies ein hohes Maß an Selbständigkeit und die Übernahme von Verantwortung im Rahmen seines Aufgabengebietes. Der flexible und innovative Charakter der unterschiedlichen Ansätze beim Erreichen der Ziele gewährleistet effiziente Vorgehensweisen, um Kundenwünsche bestens zu erfüllen.

MBO spiegelt sich wieder in:
- Schriftlichen Plänen, die sich durch die ganze Organisation ziehen und nachvollziehen lassen
- Aufeinander abgestimmten und sich ergänzenden Ansätzen sowie organisationsübergreifender Integration
- Gemeinsamen Plänen und Zielsetzungen

Open Door Policy
garantiert einem Mitarbeiter, der sich mit einem Anliegen an eine Führungskraft oder die Personalabteilung wendet, daß ihm daraus keine Nachteile entstehen. Vertrauen und Integrität sind Eckpfeiler der Open Door Policy.

Open Door wird angewandt zur:
Konstruktiven Mitteilung von
- Empfindungen und Enttäuschungen
- Verdeutlichung von Alternativen
- Erörterung beruflicher Möglichkeiten, geschäftlicher Gepflogenheiten, kommunikativer Probleme

Total Quality Commitment (TQC)
versteht sich als Management-Philosophie und operative Methodik, deren oberstes Ziel die Kundenzufriedenheit durch Qualität ist. TQC schreibt als ganzheitliches Konzept fest, daß bei Produkten ebenso wie bei Dienstleistungen in jedem Teilbereich die maximale Qualität anzustreben ist.

TQC fördert:
- Fortlaufende Prozeßverbesserungen mit Hilfe wissenschaftlicher Methoden
- Bereichsübergreifende Bestleistungen als Beiträge zu Qualität und Kundenzufriedenheit
- Das Erreichen oder Übertreffen der internen und externen Kundenerwartungen

Die Unternehmenskultur von Hewlett-Packard (Fortsetzung)

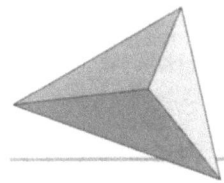

Zeiten ändern sich - Grundwerte bleiben

Die Entwicklung des HP Way begann in den Gründerjahren des Unternehmens HP. Bill Hewlett und Dave Packard, zwei an der Universität Stanford ausgebildete Ingenieure, verbanden ihre Produktideen mit einem kooperativen Führungsstil und gingen eine arbeitsteilige Partnerschaft ein.

Nach einer Vielzahl erfolgreicher Produkte und in einem schnell wachsenden Unternehmen formulierten die beiden Firmengründer gemeinsam mit ihren Führungskräften im Jahre 1957 die Unternehmensziele. Diese Ziele, mit den ihnen zugrundeliegenden Werten, bilden die Grundlage für den HP Way.

Seit der Gründung unseres Unternehmens im Jahre 1939 sind die Kunden anspruchsvoller geworden, die Bedingungen am Markt sind ständigen Änderungen unterworfen und die HP-Mitarbeiter werden den heutigen Anforderungen mit neuen Arbeitsmitteln und Methoden gerecht. Nichts ist beständiger als der Wandel. Neue Gesetze, gesellschaftliche Entwicklungen und veränderte Märkte sind eine ständige Herausforderung.

Unsere Grundwerte und das Bestreben, die Unternehmensziele zu verwirklichen, prägen unsere Strategien und Verfahren. Traditionen wie Management by Wandering Around, Management by Objectives und die Open Door Policy werden heute durch einen 10-Stufen-Business-Plan, Total Quality Commitment und Hoshin Kanri ergänzt. Morgen schon werden diese Methoden vielleicht durch andere ersetzt, mit denen wir auf ein verändertes Umfeld gezielt reagieren können.

Mit verbindlichen Wertvorstellungen, klaren Zielen und flexiblen Praktiken bleibt der HP Way auch für die Zukunft weltweit Grundlage für unseren gemeinsamen Erfolgskurs.

Die Unternehmenskultur von Hewlett-Packard (Fortsetzung)

Reduktion der Unternehmensgrundsätze des Flughafens Hannover

Flughafen Hannover

Unternehmensgrundsätze der Flughafen Hannover-Langenhagen GmbH

1. Wir verstehen unseren Flughafen als Impulsgeber für die wirtschaftliche Entwicklung unserer Region und erfüllen als Dienstleistungsunternehmen eine wichtige Funktion für die Wirtschaft und die Menschen.

2. Wir betreiben unseren Flughafen auf hohem internationalen Standard.

3. Wir bieten unsere Dienstleistungen nach privatwirtschaftlichen Grundsätzen an. Die Verantwortung gegenüber unseren Kunden, Mitarbeiterinnen und Mitarbeitern ist dabei Grundlage unseres Handelns.

4. Wir betreiben unseren Flughafen in aktiver Verantwortung für die Erhaltung und Verbesserung der Umwelt.

5. Wir verfolgen eine aktive und offene Informationspolitik nach innen und außen.

6. Wir verstehen unser Erscheinungsbild als Ausdruck unserer Kompetenz, Zuverlässigkeit und Servicefreundlichkeit.

Ich repräsentiere den Flughafen Hannover

Verhalten am Telefon

Gutes Telefonieren ist die Visitenkarte des Flughafens...
...und hilft für mein eigenes Wohlbefinden!

1. Ich melde mich mit Namen.

2. Ich spreche den Kunden/ die Kundin mit Namen an. Die Überraschung erzeugt bei den Kunden ein "WIR-Gefühl". Ich nehme sie ernst. Ich habe Verständnis für sie.

3. Ich stelle mich auf meine/n Anrufer/in ein (Wer ist am Telefon?): "Was kann ich für sie tun?", "Womit kann ich Ihnen helfen?", "Welche Informationen benötigen Sie?"

4. Ich bin: freundlich   sachlich   ruhig
             höflich   deutlich   flexibel
             nett   offen/   direkt
                           international

5. Ich schaffe eine positive Atmosphäre (für mich selbst): Ich lächele am Telefon, ich bin ausgeglichen und gelassen.

6. Ich höre der Kundin/ dem Kunden aktiv zu.

7. Ich stelle Fragen:
   a) um Informationen von den Kunden zu bekommen, die ich für die Beantwortung ihrer Fragen benötige.
   b) um sie zu stoppen.

8. Ich suche die Gemeinsamkeit ("WIR"): Ich biete an, zurückzurufen; ich verbinde.

9. Ich bin nicht belehrend! Ich versuche, zu interessieren, zu begeistern.

Unternehmensgrundsätze des Flughafens Hannover und die Umsetzung als Verhalten am Telefon

RAUTENBACH-GUSS
WERNIGERODE GMBH

Unternehmensgrundsätze

Unser Unternehmen baut auf einem Fundament fester Grundsätze auf, um Erfolg zu haben. Jeder Mitarbeiter und die Geschäftsleitung handeln und entscheiden nach diesen Grundsätzen.

Als Ziel verstehen wir, was wir wollen und gemeinsam erarbeiten werden.

1. Ziel unseres Unternehmens sind Herstellung und Vertrieb von qualitativ hochwertigem Aluminium - Formguß.
   Wir orientieren uns an den Wünschen und Bedürfnissen unserer Kunden.
   Unser Ziel ist die Marktfähigkeit unseres Unternehmens.
   Wir bekennen uns zur sozialen Verantwortung, zur Sicherung unserer Arbeitsplätze.

2. Wir fühlen uns dem Kunden, unseren Mitarbeitern und der Öffentlichkeit gleichermaßen verpflichtet.
   Die Achtung vor den Rechten und der Würde jedes Mitarbeiters ist unser Grundprinzip.
   Wir setzen auf vertrauensvolle Zusammenarbeit, Kompetenz, Leistungsbereitschaft und die Förderung des Einzelnen.

3. Wir pflegen Kundenkontakte und bieten umfassenden Service von der Beratung bis zum Produkt.
   Wir wollen zufriedene Kunden.

4. Wir streben langfristigen Erfolg an und wollen, daß unser Unternehmen für solide, ausgezeichnete Qualität bekannt ist.
   Zuverlässigkeit und Termintreue sind für uns selbstverständlich.

5. Zu unseren Geschäftspartnern und Mitbewerbern suchen wir faire, kooperative Beziehungen.
   Veränderungen im Markt sind für uns Herausforderung und Chance, flexibel, kompetent und innovativ neue Entwicklungen mitzugestalten.

6. Wir fühlen uns der Tradition verpflichtet und den Innovationen für Fortschritt und Zukunft verbunden.
   Unser Handeln schließt umweltschonende Lösungen ein.

7. Unser Unternehmen ist Impulsgeber für die wirtschaftliche Entwicklung unserer Region Wernigerode.

8. Wir aus Wernigerode, offen und weltweit.

Wernigerode, Februar 93

Unternehmensgrundsätze der Rautenbach Guss GmbH

RAUTENBACH-GUSS
WERNIGERODE GMBH

Führungsgrundsätze

1. Vorbild sein - um zu führen.

2. Wir achten die Persönlichkeit der Mitarbeiter, geben Anerkennung und Unterstützung; wir gehen offen und vertrauensvoll miteinander um.

3. Wir schaffen für unsere Mitarbeiter Entscheidungsfreiräume, wir fordern Eigeninitiative.

4. Wir geben klare Ziele vor - wir wollen mehr überzeugen, weniger anordnen.

5. Durch Teamorientierung ganzheitlich denken und handeln - Synergieeffekte schaffen.

6. Leistung fordern - Wissen fördern.

7. Risiken abwägen - wirtschaftlich handeln.

8. Wir entwickeln das Wir-Gefühl - wir brauchen die Identifikation des einzelnen mit den Unternehmenszielen.

Führungsgrundsätze der Rautenbach Guss GmbH

Der Autor

Gerhard Regenthal, Jahrgang 1947, studierte Sozialwissenschaften (Psychologie, Pädagogik, Philosophie, Soziologie) und Wirtschaftswissenschaften. Er ist Leiter und Inhaber der Corporate-Identity-Akademie Braunschweig und der Sozialwissenschaftlichen Unternehmensberatung, Management-Trainer, CI-Berater und CI-Berater-Ausbilder. Außerdem ist er langjähriger Lehrbeauftragter an der Hochschule für Bildende Künste Braunschweig im Fachbereich Design und an der Fachhochschule Braunschweig/Wolfenbüttel. Gerhard Regenthal ist Autor zahlreicher Veröffentlichungen.

Seine Anschrift:

Hackelkamp 9
38110 Braunschweig
Telefon + Fax (0 53 07) 35 60

MIX
Papier aus verantwortungsvollen Quellen
Paper from responsible sources
FSC® C105338

If you have any concerns about our products,
you can contact us on
ProductSafety@springernature.com

In case Publisher is established outside the EU,
the EU authorized representative is:
**Springer Nature Customer Service Center GmbH
Europaplatz 3, 69115 Heidelberg, Germany**

Printed by Libri Plureos GmbH
in Hamburg, Germany